Véronique Maciejak

1, 2, 3, je me mets à l'éducation positive !

Pourquoi ça marche, comment et pour qui

EYROLLES

À mes filles, Emma, Chloé et Léa
qui m'aident chaque jour à me rapprocher un peu plus
de la mère que j'aspire à être.
Leur amour me porte au-delà de ce que j'aurais pu imaginer.

À mon mari, Olek, pour sa confiance et
son soutien indéfectibles depuis près de vingt ans.

V. M.

Groupe Eyrolles
61, boulevard Saint-Germain
75240 Paris Cedex 05
www.editions-eyrolles.com

Avec la collaboration d'Alice Breuil

Illustrations originales Leslie Plée : Couverture et personnage "Dubitania"
Illustrations originales de Flora Czternasty [Pomkipik.com]

Mise en pages et maquette : Flora Czternasty [Pomkipik.com]

Dépôt légal : septembre 2017
[Imprimé en Slovénie par DZS]

ISBN : 978-2-212-56669-7

Sommaire

Avant-propos

« Que pouvez-vous faire pour promouvoir la paix dans le monde ? Rentrer chez vous et aimer votre famille ! » (Mère Teresa)

Quand j'ai appris que j'étais enceinte de mon premier enfant, la joie et l'excitation m'ont immédiatement submergée tant j'avais attendu ce moment avec impatience. Je baignais dans un nouveau bonheur qui m'enveloppait de chaleur. Je m'imaginais vivre un rêve éveillé et j'avais envie de crier cette nouvelle au monde entier. Hélas, cet état de grâce euphorique n'a duré que quelques minutes.

Un immense vide s'est rapidement emparé de moi, cédant ensuite la place à une angoisse indescriptible. Je me suis mise à trembler de tout mon être ; mon cœur cognait dans ma poitrine si fort et si vite que j'en ai eu la respiration coupée. Des dizaines de questions et de doutes ont alors envahi mon esprit. Aux problématiques purement logistiques (Comment annoncer ma grossesse à mon employeur ? Quel régime alimentaire suivre ? Où accoucher ?...) se sont ajoutés des questionnements plus profonds autour de mon nouveau statut de femme enceinte.

Tout au long de ma grossesse, j'ai ressenti le besoin d'être très informée, voire surinformée. Mon médecin d'alors réprouvait ma curiosité, l'assimilant à de la déformation professionnelle – j'étais journaliste –, et il refusait de répondre à la majorité de mes requêtes. Il voulait que je « lâche prise », que je m'interroge moins. Il n'avait pas compris que ma soif de réponses concrètes n'avait pour objectif que de satisfaire mon besoin de sécurité.

Je me persuadai qu'une fois devenue maman les choses seraient plus évidentes et que mes appréhensions se dissiperaient d'elles-mêmes. Je pensais qu'en serrant mon enfant dans mes bras les réponses à mes questions me viendraient *naturellement*. Hélas quand je suis devenue maman, rien ne s'est produit comme je l'avais espéré et mes hésitations n'ont fait que croître.

Je me suis alors plongée à corps perdu dans tous les livres éducatifs que j'ai trouvés, tout en m'abonnant aux magazines familiaux les plus connus. À la radio où j'officiais, j'eus même l'idée de créer une rubrique intitulée « Parents » pour pouvoir réaliser des interviews de spécialistes de l'enfance. Petit à petit, mon métier et mon statut de mère n'ont fait qu'un. J'informais le plus grand nombre pour mieux *me* former à mon nouveau rôle de maman. Mais rapidement je me suis retrouvée désabusée devant les avis divergents des multiples professionnels que je rencontrais. Il m'arrivait dans la même journée d'entendre ou de lire tout et son contraire. Alors que faire ? Qui croire ? Quelle voie suivre ?

Mon premier enfant a également été l'occasion de voir surgir en moi une certaine forme de violence que je ne soupçonnais pas. Toute ma bonne volonté pour répondre aux besoins de ma fille pouvait voler en éclats sans que je comprenne pourquoi. Malgré tous mes efforts, une conclusion inévitable s'est rapidement imposée à moi : je n'étais pas la mère que j'aspirais à être. Je devais faire mes propres recherches pour avancer et trouver mon chemin.

Quand j'ai découvert l'éducation positive, tout a enfin trouvé un sens pour moi. Depuis plusieurs années maintenant, je poursuis dans cette voie qui a bouleversé bien plus que ma vie de mère. L'éducation positive a non seulement changé ma vision de la parentalité, mais aussi ma conception de la vie en général.

Véronique Maciejak

Introduction

Depuis quelques années, l'éducation positive rencontre un véritable engouement. À chaque nouvelle rentrée littéraire, les étals des libraires regorgent de nouveautés. À la télévision et dans la presse, les journalistes évoquent régulièrement ce phénomène. Alors que beaucoup d'adultes, parents ou éducateurs, s'interrogent sur la pertinence de ce concept, tous ont leur avis sur son devenir. Certains disent qu'il s'agit d'un simple effet de mode, d'autres y voient une vraie révolution en marche.

Mais que se cache-t-il vraiment derrière ce que l'on nomme « éducation positive » ?

- **À qui s'adresse-t-elle ?**
- **Quels sont les outils pour démarrer ?**
- **Et puis surtout, est-ce que ça marche ?**

Autant de questions auxquelles nous tenterons de répondre dans cet ouvrage alliant théorie et pratique, où se croisent activités, réflexions personnelles et outils concrets. Tout au long de ce livre, vous retrouverez également Dubitania, une jeune femme virtuelle qui s'interroge sur le bien-fondé de l'éducation positive. Mère de deux enfants de 10 et 14 ans, elle se permettra d'intervenir de temps à autre pour poser des questions ou faire un commentaire. Chaque parent ayant reçu une éducation dite « traditionnelle » peut se retrouver en Dubitania qui est curieuse mais aussi inquiète des dérives possibles de l'éducation positive.

Cet ouvrage est découpé en trois parties distinctes pour vous permettre d'entrer progressivement dans l'éducation positive :

1. « Je comprends l'éducation positive »,

2. « J'essaie l'éducation positive »,

3. « J'approfondis l'éducation positive ».

Dans une première partie, il s'agira de se concentrer sur l'origine et les fondements de ce principe éducatif. Dans la deuxième partie, beaucoup plus pratique, vous pourrez découvrir des outils concrets à mettre en place au quotidien au sein de votre famille ou au travail. Enfin, dans la dernière partie, des pistes seront proposées pour vous donner la possibilité d'aller encore plus loin dans cette démarche.

Vous trouverez également à la fin de ce livre des fiches détachables : elles vous aideront à réaliser certains exercices pratiques ou à vous rappeler des principes de vie essentiels en éducation positive.

Ce livre s'adresse à toute personne s'intéressant de près ou de loin à l'éducation, et d'une manière plus générale à la communication et au mieux-vivre ensemble.

Développement naturel

Non-violence

Autonomie

1
Je comprends l'éducation positive

Besoins

Communication

Bon sens

Épanouissement

Écoute empathique

Bienveillance

Modèle gagnant-gagnant

À L'ORIGINE

Depuis des décennies, la société n'a cessé d'évoluer, tout comme l'éducation des enfants. Auparavant, les parents étaient seuls maîtres à bord et le père dirigeait d'une main de fer la famille tout entière. N'entendait-on pas les mères argumenter : « Tu vas voir ce que va dire ton père quand il rentrera ce soir ! » Le chef de famille avait une place bien définie et les règles étaient clairement établies. Le célèbre adage « C'est qui qui commande dans cette maison ? » était souvent répété aux enfants qui cherchaient un peu trop à s'opposer à leurs parents. Quand un enfant commettait une bêtise, les mises à l'écart, les punitions, voire les châtiments corporels étaient inévitables. Il s'agissait de le remettre dans le droit chemin « pour son bien ». Cette éducation dite « traditionnelle » s'oppose aujourd'hui à ce que l'on nomme « éducation positive », davantage centrée sur l'écoute des enfants, les consensus et les recherches de solutions. Le parent n'est plus perçu comme un chef omnipotent mais plutôt comme un guide bienveillant qui ajuste ses pas au gré de l'évolution de l'enfant. Depuis l'émancipation de la femme et l'apparition de nouveaux schémas familiaux (famille monoparentale, famille recomposée…), l'éducation positive a pris de l'ampleur, séduisant de plus en plus d'adultes. Cependant les théories et les concepts qui en découlent sont loin d'être tous novateurs. Ils s'appuient sur des recherches menées dès le XIXe siècle, voire bien avant pour certaines, alors que l'éducation traditionnelle n'était pas encore remise en question. Bien plus qu'une histoire de mode du XXIe siècle, l'éducation positive est avant tout une réflexion éducative de chercheurs en quête d'une pédagogie plus adaptée au développement de l'enfant. Connaître son historique semble pertinent pour qui souhaite mieux la comprendre et l'appliquer au quotidien.

QUIZ

VOUS AVEZ DIT « ÉDUCATION POSITIVE » ?

Selon vous, que se cache-t-il derrière le terme de « parentalité positive » ? Choisissez parmi les quatre propositions suivantes.

- ❍ **A.** Comme son nom l'indique, il s'agit d'être un parent « positif ». On oublie les difficultés du quotidien et on ne retient que ce qui va bien.
- ❍ **B.** C'est un dogme qu'il faut suivre à la lettre avec une méthode pour chaque problème éducatif rencontré.
- ❍ **C.** Une idée de la chanteuse Lorie Pester datant des années 2000 et rendue populaire grâce au titre « La Positive attitude ».
- ❍ **D.** Une représentation idéale de l'autorité familiale énoncée par le Conseil de l'Europe dès 2006.

Réponse A : Il serait extrêmement réducteur de résumer la parentalité positive au seul fait de voir la vie en rose. Les défis familiaux et les conflits du quotidien ne se dissipent pas tel un courant d'air. En revanche, il est vrai que la parentalité positive offre un nouveau regard sur l'éducation : le parent est invité à se concentrer avant tout sur ce qui marche et sur les compétences de l'enfant.

Réponse B : Raté. Chaque parent est unique et chaque enfant l'est tout autant. Pour tout problème rencontré il n'existe pas une seule réponse standardisée. La vie serait bien trop simple si tel était le cas (même si cela nous aiderait bien de temps en temps, avouons-le).

Réponse C : Peut-être... Il est en effet tout à fait possible que la chanteuse Lorie ait déjà eu quelques notions de parentalité positive au début des années 2000.

Réponse D : Bonne réponse ! Les ministres européens chargés des affaires familiales ont réfléchi à l'éducation la plus épanouissante au regard de différents travaux de recherche et d'expériences empiriques. Le Conseil de l'Europe définit la parentalité positive comme « [...] un comportement parental fondé sur l'intérêt supérieur de l'enfant, qui vise à l'élever et à le responsabiliser, qui est non violent et lui fournit reconnaissance et assistance, en établissant un ensemble de repères favorisant son plein développement* ». Ce concept de parentalité positive se fonde sur la série de principes fondamentaux : « Les parents devraient apporter à leurs enfants :

- une éducation affective – en répondant à leur besoin d'amour, d'affection et de sécurité ;
- des structures et des orientations – en leur donnant un sentiment de sécurité, en instaurant des règles de vie et en fixant les limites voulues ;
- une reconnaissance – en les écoutant et en les appréciant en tant qu'individus à part entière ;
- une autonomisation – permettant de renforcer chez eux le sentiment de compétence et de contrôle personnel ;
- une éducation non violente – excluant tout châtiment corporel ou psychologiquement humiliant.

Les châtiments corporels constituent en effet une violation du droit de l'enfant au regard de son intégrité physique et de sa dignité humaine. »

Le 13 décembre 2006, le comité des ministres européens a voté une recommandation destinée aux gouvernements des États membres qui propose de « reconnaître le caractère essentiel des familles et de la fonction parentale, de créer les conditions nécessaires à une parentalité positive [...] ».

* 29e Conférence du Conseil de l'Europe des ministres chargés des affaires familiales, juin 2009 (www.coe.int/t/dc/files/ministerial_conferences/2009_family_affairs/Positive_Parenting_fr.pdf).

BON À SAVOIR

UNE LOI SUR LES VIOLENCES ÉDUCATIVES

Le 22 décembre 2016, l'Assemblée nationale a adopté en lecture définitive le projet de loi « Égalité et citoyenneté » qui modifiait notamment l'article 371-1 du Code civil relatif à l'autorité parentale. Il était spécifié que l'autorité parentale excluait « [...] tout traitement cruel, dégradant ou humiliant, y compris tout recours aux violences corporelles ». Cette loi civile avait pour but de faire évoluer les mentalités et les comportements parentaux autour des violences physiques (fessées, gifles, tapes). Elle avait pour vocation d'être inscrite dans les livrets de famille et lue lors des cérémonies de mariage civil.

La France devenait ainsi le 22e pays de l'Union européenne à voter une loi contre les violences faites aux enfants. Cette loi à forte visée symbolique était attendue par le Conseil de l'Europe qui avait condamné la France en 2015 pour ne pas avoir interdit les châtiments corporels. L'idée n'était pas de culpabiliser les parents, ni de les sanctionner, mais de les informer sur la portée non éducative de toutes formes de violence. Hélas, le 26 janvier 2017, le Conseil constitutionnel a censuré cet article qui n'apparaît donc plus dans le projet de loi initiale. La censure a porté sur la forme et non sur le fond du texte, le Conseil constitutionnel ne souhaitant pas que cet article figure au programme d'une loi intitulée « Égalité et citoyenneté ». À l'issue de ce désaveu, de nombreuses voix d'élus, de parents et de professionnels se sont élevées pour qu'une nouvelle loi soit votée rapidement.

Affaire à suivre...

NON À LA FESSÉE !

Les violences éducatives quelles qu'elles soient n'éduquent en rien l'enfant, elles le blessent dans son estime de soi et l'obligent à se soumettre à l'adulte par crainte des représailles. Vous n'êtes pas morte sous les fessées ou les gifles de vos parents, et c'est tant mieux, mais est-ce là votre seul objectif en tant qu'éducatrice ? Mesurer l'intensité des punitions corporelles que vous infligez à vos enfants pour ne pas risquer de les tuer ? Si l'on choisit d'avoir recours aux tapes, quels sont les critères de référence ? Peut-on commencer à la naissance quand le bébé pleure et que ses cris sont si difficiles à supporter ? Ou durant la petite enfance quand l'enfant construit son identité et commence à dire non aux adultes ? Finalement, y a-t-il un bon âge pour commencer à donner des fessées et un autre pour apprendre à arrêter ? Y a-t-il un rythme à respecter : une fois par semaine, une fois par mois ? Il n'y a pas de bonnes réponses à ces questions puisque la première tape, aussi petite soit-elle, n'est jamais bénéfique. Chaque jour, en France, deux enfants meurent sous les coups de leurs parents ou à cause de punitions trop brutales. Il ne faut pas croire que ces enfants disparus trop tôt soient nécessairement victimes de violences quotidiennes. Parfois, il s'agit d'un coup parti un peu trop vite sous l'emprise de la colère. Une loi contre les violences éducatives, expliquée et répétée aux parents, pourrait sans doute sauver quelques vies. Les violences physiques ou psychologiques font mal et nous avons le devoir d'en prendre conscience pour protéger les enfants.

Le point de vue de...

Marie, maman de Juliette 9 ans, de Jade 6 ans, et de Bérénice 1 an

Quand Juliette avait 2 ans, je lui ai donné quelques fessées. Pas beaucoup, pas souvent, mais oui, je l'avoue aujourd'hui, je l'ai frappée. Quand je lui donnais des tapes, je sentais au fond de moi que ce n'était pas une bonne approche mais je ne savais pas quoi faire d'autre. J'étais très en colère et ma fille m'énervait au plus haut point. Je me rassurais en me disant que tout le monde donnait des fessées, que ça ne devait pas être si grave. J'ai vraiment eu le déclic d'arrêter net toute violence en entendant les dommages que cela pouvait entraîner sur le développement de l'enfant. J'ai ensuite fait des recherches approfondies pour connaître toute la portée de ce que je croyais être une « simple tape correctrice ». Voici quelques raisons qui m'ont définitivement convaincue d'arrêter toutes violences, aussi minimes soient-elles :

- *parce que j'ai pris connaissance d'études (américaines et canadiennes) qui montraient que des adultes ayant reçu des fessées étaient plus enclins à développer des comportements addictifs avec les drogues et les alcools. Ils seraient également plus violents et davantage victimes de dépression ;*
- *parce que les fessées n'entraînent chez les enfants que des sentiments négatifs comme le retrait, la rébellion, la revanche ou encore une baisse de l'estime de soi ;*
- *parce que taper son enfant sur les fesses, c'est toucher sans son consentement à un endroit très intime de son corps ;*
- *parce que donner une fessée nous met clairement nous, parents, en position de dominateurs face à nos enfants « soumis ». Je souhaite être un guide pour mes enfants et non un être supérieur qui leur fait peur ;*
- *parce que je veux être un modèle pour mon enfant : or comment montrer à ma fille que la violence est à bannir si j'y ai moi-même recours ? Comment lui apprendre à maîtriser ses colères si je ne suis même pas capable de contenir les miennes ?*
- *parce qu'une fessée fait mal et que mon rôle est de protéger mon enfant, pas de le blesser ;*
- *parce que la fessée ne sert à rien excepté à évacuer ma colère d'adulte.*

Juliette a donc reçu quelques fessées entre 2 et 3 ans. Mes deux autres enfants n'en ont jamais eu et cette idée me semble aujourd'hui complètement aberrante. J'ai réalisé un gros travail sur moi-même pour mieux maîtriser mes émotions et j'ai également appris à comprendre les comportements « difficiles » de mes enfants. J'ai aussi participé à des ateliers pour trouver des alternatives aux punitions et obtenir du soutien d'autres parents. Et depuis que je n'ai plus recours à aucune forme de violence, je trouve que mes enfants sont beaucoup plus faciles.

Le point de vue de...

Alizée, maman de Paul 10 ans

Quand j'ai eu 16 ans ma mère s'est remariée et a eu un nouvel enfant. Vers l'âge de 2 ans, mon demi-frère, pour qui j'avais énormément d'amour, était très dur. Ma mère, mon beau-père et moi nous passions souvent le relais pour nous occuper de lui. Un jour, je me suis retrouvée seule à le garder un samedi matin. Il était vraiment pénible et disait non à tout ce que je lui demandais. J'avais 18 ans, j'étais fatiguée, et je me suis mise à crier pour obtenir de lui davantage d'obéissance. Comme ça ne changeait rien, je lui ai donné une fessée. Il m'a rétorqué : « Même pas mal ! » avec un petit sourire. Alors j'ai vu rouge et je lui ai donné une nouvelle tape sur les fesses, puis trois. Je lui ai hurlé dessus en lui disant que je n'en pouvais plus, qu'il me poussait à bout et que je le détestais. Puis je suis partie m'enfermer dans la salle de bains. Là, j'ai continué à crier toute seule jusqu'à ce que mes nerfs lâchent. Je me suis mise à pleurer. J'étais à bout… Quand j'ai repris mes esprits, je suis retournée voir mon frère. Il était assis sur le canapé et ne bougeait plus. Il était comme tétanisé. Je lui ai parlé et il ne m'a pas répondu. J'ai cru que je l'avais rendu fou… Je l'ai pris dans mes bras et je me suis excusée, mais il a mis beaucoup de temps à réagir. Ce jour-là, j'ai vraiment eu très peur de le perdre. Et si je n'étais pas partie dans la salle de bains pour retrouver mon calme, que ce serait-il passé ? Jusqu'où aurais-je pu aller ? Mon demi-frère est grand maintenant et, un soir, nous avons discuté de la fessée. Il m'a lancé le classique : « J'ai reçu des tapes et je n'en suis pas mort ! Faut arrêter avec ça. Moi, si j'ai des enfants, j'en donnerai sûrement quelques-unes. » Les larmes me sont montées aux yeux et j'ai eu envie de lui crier : « Non, ne fais pas ça, ce que tu as vécu n'est pas normal, nous nous sommes trompés, nous t'avons fait du mal. Je te demande pardon… », mais je n'ai pas réussi. J'espère un jour avoir le courage de lui en reparler.

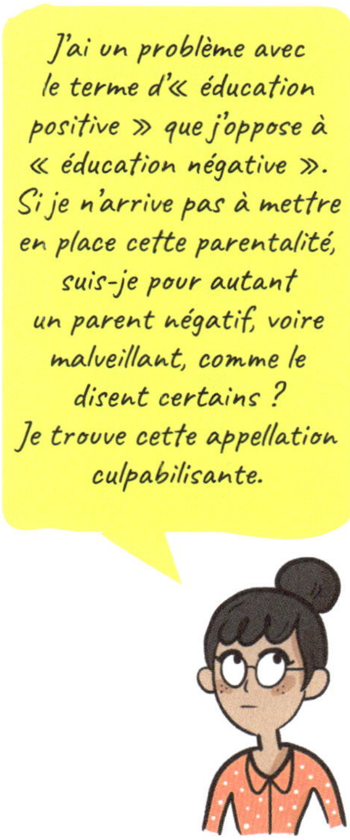

S'APPUYER SUR LES FORCES DE CHACUN

Définir un concept est souvent source de conflits : chaque mot a son importance et peut être interprété de différentes façons selon la sensibilité de chacun. Il est difficile, voire impossible, de proposer un terme qui recueille les faveurs de l'ensemble des personnes concernées. Ici, l'expression « éducation positive » suggère à l'adulte de se concentrer en priorité sur ce qui va bien. Le parent est invité à partir des compétences de l'enfant pour l'aider à s'épanouir. Les problématiques rencontrées au quotidien comme les conflits, l'opposition, l'incompréhension… ne sont plus perçues comme des échecs mais comme des opportunités d'apprentissage et d'évolution. L'éducation positive, c'est un peu comme le principe du verre à moitié plein plutôt qu'à moitié vide. Il ne s'agit en aucun cas d'avoir une fausse vision des choses et d'imaginer le verre rempli dans son intégralité mais plutôt de se concentrer sur le *positif* pour ensuite corriger le *négatif*.

Enfin, l'idée centrale de l'éducation positive est avant tout de réunir tous les parents et non de les opposer en sous-groupes (les parents positifs et les parents négatifs). Devenir parent est un véritable défi : être accompagné et soutenu dans cette quête est l'un des points essentiels soulignés par le Conseil de l'Europe.

S'occuper d'un enfant est un véritable défi et il est nécessaire d'être soutenu dans cette tâche. Dire que les violences physiques sont néfastes est une première étape nécessaire mais pas suffisante. Les éducateurs ont besoin d'information, de ressources, de soutien pour apprendre à faire autrement. C'est ce que propose l'éducation positive.

Les grands principes

Quand on parle d'éducation positive, et comme le souligne la définition du Conseil de l'Europe, certains mots reviennent plus souvent que d'autres, notamment **autonomie**, **écoute empathique**, **non-violence**, **besoins** et **modèle gagnant-gagnant**. Il me semble donc nécessaire de présenter succinctement ces notions clés sur lesquelles nous reviendrons tout au long de ce livre.

L'autonomie : les enfants d'aujourd'hui sont les adultes de demain. En tant qu'éducateurs, nous avons une grande responsabilité envers eux, celle de les guider au mieux pour qu'ils trouvent leur place. En mettant tout en œuvre pour les aider à devenir indépendants dans un cadre sécurisé, nous leur permettons de prendre le contrôle de leur vie, d'augmenter leur estime de soi ou encore de développer leur sentiment de compétence. Autant de qualités qui leur garantiront un meilleur **épanouissement**.

L'écoute empathique : la « vraie » écoute, autrement appelée « écoute empathique », nous permet d'être en lien avec l'autre, pleinement disponible pour entendre ce qu'il souhaite dire, sans jugement ni conseil. Il peut aussi s'agir d'accueillir les émotions de l'autre, comme la colère, la tristesse, la peur ou encore la joie.

La non-violence : l'éducation positive entend éviter les châtiments corporels et psychologiquement humiliants. La violence n'est pas que physique, elle peut aussi passer par des comportements ou des phrases qui nuisent à l'enfant ou le blessent en son for intérieur.

Les besoins : tout individu a des besoins auxquels il convient de répondre de manière adaptée. Un enfant qui voit ses besoins comblés est un enfant épanoui. Quand les besoins ne peuvent pas être satisfaits, l'adulte doit au moins pouvoir les valider. Dans la majorité des cas, un enfant qui a un comportement que nous, adultes, jugeons inapproprié est un enfant qui a un besoin inassouvi.

Le modèle gagnant-gagnant : principe qui vise à satisfaire simultanément les besoins de l'adulte et de l'enfant.

BESOIN OU ENVIE ?

Un enfant roi est avant tout un enfant à qui l'on dit oui pour toutes ses envies. Or les besoins et les envies sont deux choses distinctes. Une envie résulte d'un désir soudain de faire ou de posséder quelque chose. Ainsi, un enfant peut avoir envie d'une moto, d'un bonbon, de passer toujours en premier... L'envie est une demande inconsciente du cerveau qui n'a aucune obligation d'être satisfaite. À vous de décider si ce désir peut être comblé ou pas en fonction de... vos envies ! Le besoin, lui, est essentiel pour le bien-être physique et psychologique. Il s'agit d'une nécessité à laquelle il faut tenter de répondre. La confusion entre les notions de besoin et d'envie vient probablement de notre façon de nous exprimer, parfois inadaptée. Quand on affirme « J'ai envie de boire », il serait plus juste de dire : « J'ai besoin de boire. » On se sent déshydraté et notre corps nous réclame de l'eau. En revanche, on peut affiner notre discours et déclarer : « J'ai besoin de boire et j'ai envie d'un jus de fruits. » Dès lors, on évoque simultanément et correctement les notions de besoin et d'envie. Autant il est important de répondre à la sensation de soif qui provoque en nous un déséquilibre physique, autant la boisson fruitée qui relève d'un désir personnel n'est pas une obligation : on pourrait répondre à notre besoin en buvant simplement de l'eau. Un enfant roi peut également être un enfant omnipotent dont les parents effrayés à l'idée d'affronter un conflit lui laissent prendre toutes les décisions. L'enfant devient un petit tyran qui dirige tout le monde et les parents n'exercent plus leur rôle de guide. Cela ne correspond en rien à la définition de l'éducation positive où les altercations existent et permettent à chacun d'exister et d'évoluer. Une famille positive n'est pas une famille sans désaccords mais une famille qui arrive à communiquer et à garder le lien malgré les différences de chacun.

Enfin, en éducation positive, la **communication** repose sur le modèle gagnant-gagnant, avec la mise en place d'un système coopératif et non d'une autorité verticale unique calquée sur l'éternel schéma dominant/dominé. Nous, enfants et adultes, œuvrons pour une cause commune : l'épanouissement et le bon développement de chacun.
Il faut imaginer la relation à l'autre comme dans une équipe soudée où chacun travaille avec un partenaire. Parent et enfant sont unis l'un pour l'autre et non pas l'un contre l'autre. Face aux difficultés rencontrées, il est important de garder en tête ce principe. Cette conception de la communication peut être difficile à comprendre pour certains, à cause de notre conditionnement et de nos habitudes sociétales. En effet, pour la plupart d'entre nous, l'esprit de compétition prédomine : nous grandissons avec l'idée erronée que pour gagner il faut nécessairement vaincre un adversaire. Il n'est guère étonnant qu'avec cet état d'esprit on retrouve ce style de fonctionnement dans la communication avec nos enfants, avec l'instauration d'un rapport de force en cas de conflit.

Le vocabulaire que nous utilisons nous trahit quotidiennement : « Elle voulait absolument mettre son pull jaune ce matin, mais moi non. Eh bien, je n'ai pas *cédé* et elle a fini par porter le pull violet ! », « Il a tellement insisté que j'ai dit oui. Je n'avais pas envie de me *battre* contre lui, il a donc *gagné* et a pu obtenir ce qu'il voulait ».

Le modèle gagnant-gagnant est applicable à la plupart des situations, il suffit juste d'en prendre conscience et d'être suffisamment créatif pour trouver un consensus où chacun puisse s'y retrouver. Dans la vie, on peut tout à fait gagner à deux !

EXERCICE

JEU GAGNANT-GAGNANT

- *À faire à deux, idéalement un enfant/un adulte*
- *Accessoire : un ruban ou un fil d'environ deux mètres*

Posez le ruban ou le fil au sol pour créer une limite. Chacun se met de part et d'autre de cette frontière, debout et face à face.

Vous voici chacun dans votre territoire. L'objectif de ce jeu est de gagner. Vous gagnez quand l'autre met un pied dans votre zone. Pouvez-vous penser selon le modèle gagnant-gagnant et trouver comment gagner à deux ?

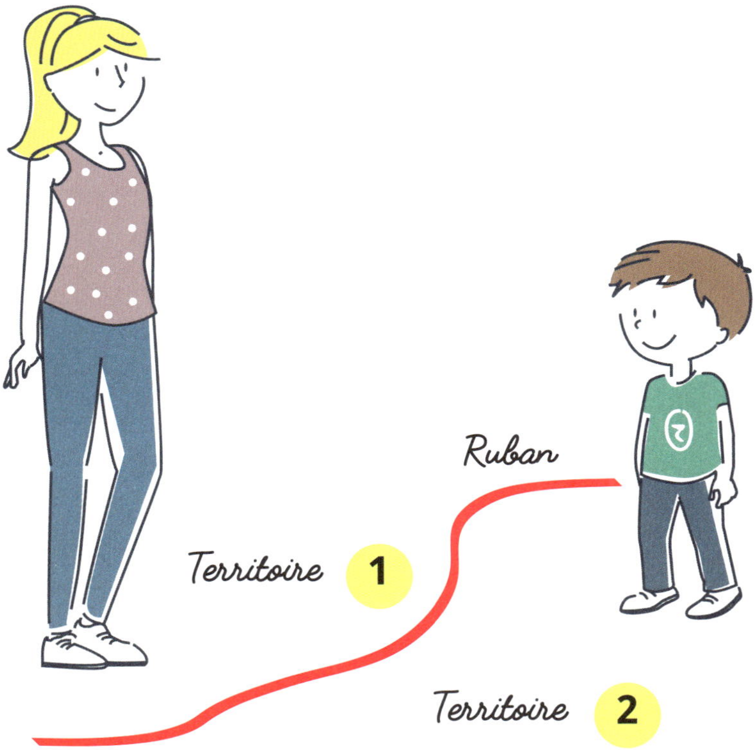

Réponses possibles (liste non exhaustive !)

Réponse 1 : Vous pouvez enlever la ligne pour qu'il n'y ait plus qu'un seul territoire.

Réponse 2 : Vous pouvez changer simultanément de place et vous retrouver chacun et en même temps dans le territoire de l'autre.

Réponse 3 : Vous pouvez garder un pied dans votre territoire et mettre un pied dans celui de votre partenaire en lui demandant de faire de même.

COMMENTAIRES

Lorsque l'on demande à des participants de réaliser cette activité sans leur parler du modèle gagnant-gagnant et en leur expliquant simplement qu'il faut gagner, la grande majorité d'entre eux se lancent dans le jeu avec un esprit de compétition : certains essaient d'amadouer leur adversaire pour l'attirer dans leur territoire, d'autres utilisent la ruse, tandis que quelques-uns tentent de tricher en changeant le ruban de place. Leur conditionnement est tel qu'ils pensent que s'il y a un gagnant, alors il y a nécessairement un perdant, et une lutte de pouvoirs s'installe. Les deux joueurs n'arrivent à trouver des solutions sur le modèle gagnant-gagnant que lorsqu'on leur dit que c'est possible.

La relation à l'enfant relève du même principe : oui, on peut trouver des consensus aux difficultés rencontrées avec son enfant ; oui, on peut trouver des solutions où chacun, adultes et enfants, s'y retrouve, pour peu que l'on sache que cela existe.

Le point de vue de…

Marilyne, maman de Lily 2 ans et demi, et de Erwan 5 ans

Il y a quelque temps, ma fille s'est mise à avoir peur la nuit dans son lit. Pour la sieste pas de souci, mais le soir quel enfer ! Quand je la forçais à aller se coucher, elle se relevait et venait me retrouver dans ma chambre. J'ai alors ressorti son lit à barreaux pour ne plus lui laisser la possibilité de se relever. Elle n'a pas trouvé d'autre moyen pour que je vienne la chercher que de crier à tue-tête. Pendant quinze jours, j'ai lutté sans relâche en lui ordonnant systématiquement de rester dans son lit. Puis, à bout de nerfs, je me suis dit que la situation ne pouvait plus durer et j'ai envisagé le problème sous un autre angle. J'ai commencé par arrêter de regarder ma fille comme une ennemie qui se jouait de moi. J'ai essayé de penser selon le modèle gagnant-gagnant et je me suis posé deux questions :

- *Que veut Lily ?*
- *Qu'est-ce que, moi, je veux ?*

Je me suis dit que ma fille avait besoin de moi et que, moi, j'avais besoin de dormir. J'ai donc glissé un matelas à côté de mon lit et je l'ai autorisée à s'y coucher pour la nuit. En fonctionnant ainsi, je répondais aux besoins de toute la famille. Et miracle, elle a retrouvé le sommeil très rapidement et moi aussi ! J'ai enfin pu dormir une nuit complète sans être réveillée par ses cris.

J'aurais dû le faire plus tôt mais j'étais prise dans un vieux schéma de lutte des pouvoirs où je pensais : « Elle se fiche de moi ! Il ne faut pas qu'elle gagne, et puis ça lui donne de mauvaises habitudes… »

Finalement, avec le recul, je me dis que la seule habitude que je peux lui donner, c'est de pouvoir compter sur sa maman quand elle en a besoin.

DE LA CRÉATIVITÉ AVANT TOUT

Nous l'avons vu, l'éducation positive n'est pas un dogme à suivre à la lettre, avec une seule solution possible pour chaque problématique rencontrée. Dans le cas de Maryline, les besoins des deux protagonistes ont pu être satisfaits rapidement avec un simple aménagement (un matelas posé au sol dans la chambre des parents), et cette solution a convenu aux principales intéressées (mère et fille).

L'éducation positive invite le parent à être créatif, ce qui n'est possible qu'en pensant sur le modèle gagnant-gagnant. Chaque parent, chaque enfant est unique et une solution qui marche pour les uns ne fonctionnera pas nécessairement pour les autres. L'objectif est d'échanger et d'écouter les idées de chacun pour trouver petit à petit son idéal.

Maryline aurait pu également réfléchir à quel besoin sous-jacent correspondaient les difficultés de Lily à s'endormir seule. Peut-être avait-elle vécu un événement traumatisant ? Peut-être avait-elle tout à coup peur du noir ?... En découvrant le fond du problème, Maryline aurait pu trouver une solution tout autre que celle d'accepter sa fille dans sa chambre.

LES GRANDS NOMS

Quelques précurseurs

Bien que le terme d'« éducation positive » soit relativement récent, l'intérêt pour la recherche d'une éducation centrée autour du développement de l'enfant ne date pas d'hier. De tout temps, de nombreux chercheurs ou pédagogues se sont penchés sur cette thématique, poursuivant et approfondissant d'année en année les travaux que d'autres avaient menés avant eux. L'idée directrice étant de réfléchir à ce qui pourrait permettre aux jeunes êtres humains de s'épanouir pour devenir de meilleurs adultes. Voici une liste (non exhaustive) d'hommes et de femmes des XIVe et XXe siècles dont les recherches ont œuvré en ce sens.

Pauline Kergomard (1838-1925) : Institutrice puis inspectrice générale des écoles maternelles en France, elle suivit la transformation des salles d'asile servant d'accueil pour les jeunes enfants en salles d'instruction. Elle souhaitait favoriser le **développement naturel** des enfants et réclamait notamment un mobilier adapté à leur taille. Elle introduisit le jeu et les activités artistiques et sportives à l'école. Elle souhaitait que les enfants puissent s'initier à la lecture et au calcul avant 5 ans.

« Laissons à l'enfant toute sa spontanéité. Éveillons ses énergies au lieu de les réprimer : pas de contraintes, pas de punitions, attendons, pour lui inculquer des connaissances, que sa curiosité aspire à les recevoir. » (Pauline Kergomard)

VIVE L'ÉCOLE !

Il est en effet étonnant de découvrir que la fonction première de l'école maternelle était de favoriser la curiosité de l'enfant sans réprimer son entrain naturel. Dans la plupart des établissements publics, l'enseignant dictait ses consignes, et les punitions telles que les mises au coin étaient monnaie courante. Cependant, de plus en plus de professeurs cherchent aujourd'hui à donner un nouveau souffle à l'enseignement en se rapprochant de l'idée initiale de Pauline Kergomard et en instaurant dans leur classe des outils issus de l'éducation positive.

Maria Montessori (1870-1952) : Médecin et pédagogue italienne, elle consacra une grande partie de sa vie à développer une méthode et du matériel éducatifs pour les enfants issus de quartiers défavorisés. L'essentiel de sa méthode se fonde sur l'observation de l'enfant, qui permet d'affiner et de définir ce dont il a besoin. La méthode Montessori met l'enfant au cœur des apprentissages et celui-ci devient l'acteur principal des savoirs et des savoir-faire qu'il souhaite acquérir. Il choisit ses activités et peut les répéter autant de fois qu'il le souhaite et à son rythme. Le matériel Montessori est généralement autocorrigeant, permettant ainsi à l'enfant de comprendre ses erreurs sans recourir à l'aide d'un adulte, ce qui développe entre autres l'autonomie et l'**estime de soi**. Dans les écoles Montessori, le mobilier et les objets utilisés par les enfants sont adaptés à leur taille. Les élèves participent à l'ensemble de la vie de l'école, notamment par le biais des tâches ménagères. Pour Maria Montessori, le rôle de l'adulte est d'accompagner le développement naturel de l'enfant où liberté rime avec discipline. En 1929, elle a fondé l'Association Montessori internationale, dont le but est de promouvoir les principes pédagogiques et le matériel qu'elle a développés.
De nos jours, de nombreuses écoles Montessori se sont ouvertes en France, permettant à un plus grand nombre d'enfants de bénéficier de cette pédagogie. La pensée de Maria Montessori est souvent résumée par cette formule : « Aide-moi à faire seul. »

« L'adulte doit donner ce qui est nécessaire à l'enfant pour qu'il puisse agir de lui-même. Si l'adulte donne moins que le nécessaire, l'enfant ne peut agir de façon conséquente ; et si l'adulte donne trop, il s'impose à l'enfant et risque d'éteindre ses impulsions créatrices. » (Maria Montessori)

Alfred Adler (1870-1937) : Médecin et psychothérapeute d'origine autrichienne, il commença par suivre la voie de la psychanalyse classique en participant activement aux cercles de discussion organisés chaque semaine par Sigmund Freud. Après quelques années de recherche empirique auprès des patients qu'il soignait dans sa clinique, Alfred Adler défendit une nouvelle vision de l'homme : celle d'un être social et libre non commandé par ses instincts. Il fonda alors son propre courant et créa ainsi la « psychologie individuelle ». Selon lui, chaque patient est unique et doit être vu comme un individu dans son ensemble (tête, cœur et corps). Il lui semblait essentiel de traiter le physique tout en comprenant simultanément l'esprit. Il chercha à appréhender les névroses de ses patients en s'intéressant à leur style de vie, particulièrement durant l'enfance. Par style de vie, il sous-entendait notamment la situation familiale, l'éducation reçue, la place dans la fratrie ou encore l'environnement. Cherchant à définir la meilleure éducation possible, Alfred Adler insista sur l'importance du développement de sentiment social chez l'enfant, notamment par le biais de la coopération, d'un respect mutuel et d'une égalité sociale. Lorsqu'il évoquait les nombreuses problématiques rencontrées dans son cabinet (benjamin trop gâté, élève qui redouble, enfant perturbateur en classe...), il prenait soin de détailler le style de vie de chaque patient pour fournir aux adultes lecteurs de nombreux conseils éducatifs, mais aussi un autre regard pour mieux comprendre la situation.

« Il est évident que nous ne sommes pas influencés par les "faits" mais par notre opinion sur les faits. » (Alfred Adler)

Rudolf Dreikurs (1897-1972) : Psychiatre et éducateur autrichien, il fut l'un des disciples d'Alfred Adler. Par ses écrits, il rendit la pensée de son mentor accessible au plus grand nombre. Pour Rudolf Dreikurs, la philosophie adlérienne est la plus juste et la plus logique pour l'avènement d'une société démocratique où chacun trouverait sa juste place. Rudolf Dreikurs développa une méthode éducative pour comprendre les comportements inappropriés des enfants en les aidant à développer une attitude coopérative sans avoir recours au système classique alliant punitions et récompenses.

« Un enfant qui se conduit mal est un enfant découragé. » (Rudolf Dreikurs)

Haim Ginott (1922-1973) : Rescapé des camps de concentration, il commença sa carrière en tant que maître d'école en Isräel. Il émigra ensuite aux États-Unis où il obtint un doctorat en psychologie clinique. C'est en travaillant quotidiennement auprès d'enfants qu'il imagina et mit en place une méthode éducative alliant compassion et cadre. Par la suite, il créa des groupes de parents où il traita de ses techniques de communication adulte-enfant. Il défendait l'idée que les enfants doivent apprendre dès le plus jeune âge à faire des choix, dans la limite de leur possibilité et de leur sécurité. Il accordait de l'importance à l'écoute des sentiments et à notre façon de nous comporter avec les enfants en tant que modèles pour eux.

« Les enfants sont comme le ciment humide... Tout ce qui leur tombe dessus imprime une marque en eux. » (Haim Ginott)

Alice Miller (1923-2010) : Née en Pologne, Alice Miller obtint son doctorat en psychologie, en philosophie et en sociologie dans les années 1950 en Allemagne. Elle enseigna et exerça la psychanalyse pendant près de vingt ans, avant de se consacrer pleinement à des travaux de recherche sur l'enfance. Elle souhaitait comprendre les racines de la violence humaine. Pour cela, elle s'intéressa de près à l'enfance de ses patients, mais aussi à celle de personnalités connues, comme Adolf Hitler. À la fin des années 1980, elle rompit définitivement avec la psychanalyse classique qui n'accordait pas toujours le crédit escompté aux expériences de l'enfance. Ses thèses visèrent à démontrer que toute violence infligée à l'enfant a des répercussions sur sa vie d'adulte et parfois même sur la société elle-même (pour les grands dictateurs, par exemple). Elle dénonça les méfaits d'une éducation traditionnelle qui a pour but de dresser l'enfant et d'en faire un être docile et soumis. Elle la nomma « pédagogie noire » et introduisit le terme de « violence ordinaire » pour définir toute forme de blessure infligée à l'enfant et qui peut paraître anodine pour une grande majorité de parents (gifles, moqueries, humiliations, exclusions...). Elle évoqua la notion de « témoin secourable », personne bienveillante dans l'entourage de l'enfant maltraité, qui peut aider ce dernier dans sa résilience. Enfin, elle proposa une thérapie aidant les adultes en souffrance à se confronter à leur passé pour réparer leurs blessures d'enfance en ressentant la souffrance vécue. L'idée est de pouvoir s'en libérer pour revivre pleinement ensuite.

« Si une mère se respecte elle-même et son enfant dès ses premiers jours, elle n'aura jamais besoin de lui enseigner le respect des autres. » (Alice Miller)

Les chefs de file en France

Il existe de plus en plus de défenseurs contemporains de l'éducation positive et des impacts qu'elle peut avoir sur l'évolution de la société, notamment en France.

Olivier Maurel : Professeur de français agrégé de lettres, il s'intéresse très tôt à la violence éducative et aux répercussions sur le développement de l'enfant et dans sa vie d'adulte. S'inscrivant dans la lignée d'Alice Miller, il ajoute aux travaux de recherche de son aînée les dernières découvertes en neurologie. En 2005, il crée l'Observatoire de la violence éducative ordinaire (Ovéo), une association – rattachée à un site Internet très actif : www.oveo.org – dont l'objectif est d'informer le plus largement possible les parents, les enseignants, mais aussi les responsables politiques sur les dangers des violences faites aux enfants. Il est l'auteur de plusieurs ouvrages sur ces thématiques, notamment *Oui, la nature humaine est bonne !*, où il explique comment l'éducation pervertit l'empathie et la bonté naturelle de l'enfant. Son livre *La Fessée* : *questions sur la violence éducative*, préfacé par Alice Miller, s'adresse aux parents pour les informer sur les dangers de ce que l'on appelle la « violence éducative ordinaire ». Il explique également comment poser un cadre et des limites sans avoir recours aux gifles ou aux fessées.

LA VIOLENCE ÉDUCATIVE ORDINAIRE

Il est difficile de donner une définition exacte de la VÉO tant le ressenti de chacun est unique. D'une manière générale, la violence éducative ordinaire rassemble toutes les agressions faites habituellement aux enfants et qui nous paraissent banales car depuis trop longtemps utilisées sans que l'on y réfléchisse vraiment. Il s'agit de toutes les formes de contraintes employées pour éduquer les enfants au sein de la famille ou dans les institutions éducatrices (crèches, écoles...) afin de les soumettre à notre autorité d'adulte.

On peut y retrouver les punitions corporelles (gifles, fessées, tapes…), mais aussi la violence verbale (moqueries, chantage, insultes, jugements, menaces) et les attaques psychologiques (humiliations, exclusions, mises au coin, mépris, indifférence…). La violence éducative ordinaire regroupe toutes les formes d'attitudes qui blessent l'enfant dans son estime de lui-même et brise le lien qui nous lie à lui.

Catherine Gueguen exerce la pédiatrie à l'Institut hospitalier franco-britannique de Levallois-Perret depuis plus de vingt-cinq ans. Spécialisée dans le soutien à la parentalité, elle anime également de nombreux groupes de travail pour les professionnels en contact avec les parents et les enfants (médecins, psychologues, éducateurs…). Dans son premier livre, *Pour une enfance heureuse*, elle expose les dernières découvertes scientifiques sur le développement et le cerveau de l'enfant. Son ouvrage, véritable plaidoyer en faveur d'une éducation bienveillante, est une référence en matière scientifique. Elle explique en quoi une relation empathique dénuée de toute forme de violence permet à l'enfant de développer de manière optimale ses capacités intellectuelles et relationnelles.

Isabelle Filliozat est psychothérapeute depuis près de trente-cinq ans. Elle a fondé l'École des intelligences relationnelle et émotionnelle (Eirem), où elle propose des formations centrées autour de ce qu'elle nomme l'« approche empathique intégrative ». Fervente défenseuse de l'éducation positive, elle a écrit plus d'une quinzaine d'ouvrages sur le sujet, dont les plus connus sont *Au cœur des émotions de l'enfant* et *J'ai tout essayé !* Elle donne de nombreuses conférences destinées principalement aux parents et aux spécialistes de l'enfance, et forme des professionnels en accompagnement parental.

Catherine Dumonteil-Kremer, ancienne éducatrice Montessori, accompagne les parents depuis plus de vingt ans dans leur cheminement personnel et leurs remises en question. Très tôt, elle prend conscience de l'importance du soutien aux parents et crée la liste « Parents conscients » sur Internet, lieu de partage et d'échange autour de l'éducation sans violence, la communication dans la famille, les apprentissages… Rédactrice en chef du magazine de parentalité positive *Pep's,* elle est également l'auteure d'une dizaine d'ouvrages autour de l'éducation positive, dont le plus célèbre est *Élever son enfant* *autrement*. Elle a fondé le réseau « Parentalité créative » qui forme des professionnels à l'accompagnement parental centré autour de l'écoute des besoins des enfants et de l'accueil des émotions. Elle est également à l'initiative de la Journée de la non-violence éducative en France.

Céline Alvarez, passionnée par le développement du savoir humain, choisit rapidement de devenir enseignante. Au regard des dernières découvertes scientifiques, elle souhaite développer au sein d'une école publique les outils proposés par Maria Montessori. En 2011, elle a la possibilité pendant trois ans de développer son approche des sciences cognitives dans une classe de maternelle située en zone d'éducation prioritaire à Gennevilliers (Hauts-de-Seine). Elle a ainsi carte blanche pour mener à bien son projet en choisissant un mobilier, des activités et la façon de les mener. Elle fait suivre les progrès de ses élèves par une équipe de chercheurs afin de se munir d'une caution scientifique. En 2014, et malgré des résultats stupéfiants sur l'évolution des savoirs, savoir-faire et savoir-être de ses élèves, elle n'a pas l'autorisation du ministère pour continuer sa démarche. Elle choisit de démissionner de l'Éducation nationale pour promouvoir ses recherches et ses observations autour du développement naturel de l'enfant. En 2016, elle publie son premier ouvrage, *Les Lois naturelles de l'enfant*, où elle relate en détail la mise en place de son projet et le quotidien dans sa classe pendant ces trois années.

POUR PETITS ET GRANDS

Contrairement à ce que l'on pourrait penser, l'éducation positive ne concerne pas uniquement les bambins. Nous restons parents jusqu'à la fin de notre vie et il n'est jamais trop tard pour apprendre et changer notre façon d'être avec nos enfants. D'une manière générale, l'éducation positive est aussi un outil pour mieux se comprendre, mieux appréhender l'autre et améliorer sa communication. Or, à tout âge, cela peut nous être utile et faciliter notre vie !

L'éducation positive peut également nous amener à nous interroger sur notre propre enfance et nous aider à interpréter certaines de nos difficultés dans notre vie d'adulte. Bref, que vous soyez jeune parent, parent d'ado, parent tout court, professionnel de l'enfance, éducateur, enseignant, ou simplement un adulte en quête de cheminement, l'éducation positive peut vous ouvrir de nouveaux horizons !

PLUS DIFFICILE MAIS PAS IMPOSSIBLE !

Je partage votre sentiment. Il est en effet plus facile d'être dans l'éducation positive si l'on a commencé très tôt. Se mettre à l'éducation positive, c'est un peu comme apprendre une langue étrangère. Soit vous avez déjà de bonnes bases et, dans ce cas, il vous sera facile d'approfondir. Soit vous découvrez un nouveau monde et les premiers essais risquent d'être laborieux ; dans cette hypothèse, il est possible que vous soyez sans cesse contraint de réfléchir avant d'agir. Cependant, vous verrez que, petit à petit, à force d'entraînement et de pratique, vous arriverez à parler et à manier plus facilement ce nouveau langage. Finalement, au bout de quelque temps, l'éducation positive deviendra naturelle pour vous. Commencer l'éducation positive avec de jeunes enfants est évidemment plus simple car ils n'auront connu que cette méthode. Vos adolescents, eux, s'étonneront de vous voir changer, il est donc possible qu'ils vous « testent » et soient encore plus « durs » avec vous afin de voir si vos intentions sont sincères. Une fois ces premières difficultés passées et un climat familial plus serein instauré, vous serez sur la bonne voie. Peu importe votre âge, en vous mettant dès maintenant à l'éducation positive vous aiderez les générations futures à faire de ce comportement parental leur nouvelle langue maternelle.

> « L'éducation positive, plus qu'une simple histoire de parents, est avant tout une aventure humaine où chercheurs et pédagogues avancent avec la science en quête d'une société meilleure.
> Et depuis les années 2000, grâce au Conseil de l'Europe, l'éducation positive est même devenue l'affaire de l'État ! »

ET... ÇA MARCHE VRAIMENT ?

C'est LA grande question, légitime, que beaucoup de parents se posent : changer, pourquoi pas, mais autant que ce soit efficace. Je suis intimement convaincue que l'éducation positive est le vrai **bon sens** à suivre pour le bien-être de tous : enfants, parents, société. L'histoire de l'humanité et nos erreurs passées nous éclairent également sur le cadre idéal à mettre en place pour permettre l'éveil d'hommes meilleurs. En effet, les études tendent à prouver qu'une éducation où les parents élèvent leurs enfants dans la **bienveillance** et dans le respect de leur dignité forme des adultes plus épanouis, ouverts aux autres et enclins à la solidarité.

BON À SAVOIR

L'ÉDUCATION DES « JUSTES »

À la fin des années 1980, Samuel et Pearl Oliner, enseignants américains et fondateurs de l'Institut pour la personnalité altruiste et le comportement prosocial, ont étudié le profil de 403 « justes » qui, pendant la Seconde Guerre mondiale, ont aidé à sauver des enfants ou des familles juives de manière spontanée et totalement désintéressée, souvent au péril de leur vie. Il est ressorti de cette étude que toutes ces personnes avaient en commun une éducation respectueuse, sans violence et non répressive : « Des relations familiales faites d'affection et de confiance, un certain type d'éducation non autoritaire et qui leur a transmis les valeurs de l'aide » (*The Altruistic Personality: Rescuers of Jews in Nazi Europe,* Macmillan, 1988).

La science nous éclaire aussi sur la voie à suivre en matière d'éducation et de communication. Grâce aux techniques d'IRM fonctionnelle, les chercheurs commencent à mieux comprendre comment fonctionne et se développe le cerveau humain. Ces études nous permettent d'appréhender deux notions essentielles en matière éducative :

- comprendre les réactions de l'enfant au regard de sa maturité cérébrale ;
- visualiser ce que nos attitudes entraînent dans le développement du cerveau de l'enfant.

Les conclusions de ces nouvelles données sont en faveur d'une écoute des besoins de l'enfant, d'empathie et de l'instauration d'un climat de non-violence : trois valeurs fondamentales en éducation positive.

RÉFLEXION PERSONNELLE

OBSERVER, COMPRENDRE, JUGER

Imaginez que vous alliez de bon matin acheter une baguette dans la boulangerie de votre quartier. Ce jour-là, la boulangère ne vous dit pas un mot, et sans vous adresser un regard ni même un sourire, elle vous tend votre pain en oubliant de vous rendre votre monnaie.

Que pensez-vous de cette boulangère ?

Selon vous, est-elle… (*Entourez les adjectifs qui expriment sensiblement votre pensée*)

ODIEUSE | SYMPATHIQUE | VOLONTAIRE | TIMIDE | ÉPANOUIE

COURTOISE | COMBATIVE | MALHEUREUSE | AUTONOME | ASSOCIABLE

DÉBORDÉE | DISTRAITE | GROSSIÈRE | INCOMPÉTENTE

IRRESPECTUEUSE | MALHONNÊTE | COURAGEUSE

Allez-vous recommander ce commerce à votre nouveau voisin ?

- ❍ OUI
- ❍ NON
- ❍ JE NE SAIS PAS

Imaginez maintenant qu'avant d'entrer dans la boulangerie ce matin-là, un ami qui en sort vous apostrophe : « Tu ne connais pas la nouvelle ? Le mari de la boulangère a eu un accident et ça fait quatre jours qu'il est à l'hôpital dans le coma. La boulangère a des ennuis d'argent mais pour nourrir ses trois enfants elle tient à garder son commerce ouvert. Tous les soirs après le travail, elle rejoint son mari à l'hôpital. »

Maintenant que vous connaissez la vie de la boulangère, que pensez-vous d'elle quand elle ne vous adresse pas un regard et ne vous sourit pas en vous tendant votre pain ?

Selon vous, est-elle… ? (*Entourez les adjectifs qui expriment sensiblement votre pensée*)

ODIEUSE SYMPATHIQUE VOLONTAIRE TIMIDE ÉPANOUIE

COURTOISE COMBATIVE MALHEUREUSE AUTONOME ASSOCIABLE

DÉBORDÉE DISTRAITE GROSSIÈRE INCOMPÉTENTE

IRRESPECTUEUSE MALHONNÊTE COURAGEUSE

Allez-vous recommander ce commerce à votre nouveau voisin ?

- OUI
- NON
- JE NE SAIS PAS

COMMENTAIRES

Comparez vos réponses en fonction de votre connaissance de la situation.

Comprendre ce qui se passe pour cette commerçante nous permet de voir la situation d'un autre œil. Notre comportement et nos jugements seront alors plus adaptés à la réalité du moment. Il est possible qu'en réponse au contexte et pour apporter un quelconque soutien à la boulangère, nous recherchions son regard ou bien que nous prononcions à son égard quelques paroles compatissantes.
Il en va de même pour nos enfants. Découvrir ce qui se passe pour ou en eux lorsqu'ils ont des comportements que nous jugeons totalement inappropriés est un réel avantage. Dès lors, nous pouvons modifier notre attitude pour apporter la réponse la plus adéquate à la problématique rencontrée.

Le point de vue de...

Ninon, maman de Paul 10 ans, de Maxence 5 ans et d'Augustine 3 ans

À 3 ans, Paul était sujet à de nombreux accès de colère que je qualifiais de « crises d'hystérie ». Il se roulait par terre et hurlait. Face à cela, je m'énervais, je le soulevais de force et l'enfermais dans sa chambre pour qu'il se calme. Pour moi, un enfant de cet âge-là devait être capable de mieux maîtriser ses émotions. J'ai eu une vraie révélation quand j'ai compris qu'à 3 ans un enfant est en proie à des émotions fortes et qu'il n'a aucun moyen d'être « raisonnable ». Il lui manque simplement des connexions cérébrales pour le faire correctement. Ce que je qualifiais de « crises d'hystérie » correspondait au développement naturel de Paul et à l'immaturité de son cerveau. Quand je me suis rendu compte de ça, j'ai changé ma manière d'agir : plutôt que de lui dire « Va te calmer ! », je l'accompagnais et je l'aidais, petit à petit, à s'apaiser.

Bon à savoir

LA MATURITÉ CÉRÉBRALE

Les recherches actuelles montrent que le cerveau arrive à maturité à environ 25 ans. Jusqu'à cet âge, les enfants sont des adultes en devenir, avec de nombreuses étapes à franchir en lien avec leur développement naturel. En conséquence, en dessous de 5-6 ans, et en raison de connexions neuronales en pleine formation, l'enfant contrôle mal ses émotions. De plus, celles-ci sont naturellement décuplées.

Ainsi, quand un jeune enfant est heureux il est euphorique ; quand il est triste il est dévasté ; et quand il est en colère il peut devenir hystérique. Ce n'est pas que l'enfant se joue de nous ou fait des « caprices », il ne peut tout simplement pas se comporter autrement.

DU BON SENS AVANT TOUT

Je résume dans cet ouvrage les principes élémentaires à connaître et qui devraient vous permettre d'y voir plus clair en matière d'éducation positive. La science aide à la valider, mais ce n'est pas l'essentiel sur quoi appuyer sat démarche.

Étant donné les avancées des chercheurs, vous pourriez consacrer votre vie à approfondir le sujet : l'éducation positive au vu de la science est en perpétuel mouvement.

Encore une fois, l'éducation positive tient davantage du bon sens, avec quelques informations essentielles à connaître concernant le développement cérébral. Ce bon sens, nous l'avions tous naturellement en nous mais, parfois, à cause de notre éducation ou des habitudes sociétales, nous l'avons perdu de vue. Il s'agit juste de prendre du recul et, avec le temps, de le retrouver.

DES SOLUTIONS POUR LE LONG TERME

Il est en effet courant que certaines punitions corporelles marchent mais... uniquement sur le très court terme. L'enfant cesse son comportement inapproprié parce qu'il a peur de vous et non parce qu'il a réellement compris le sens de son erreur. L'éducation positive est une éducation qui mise sur le long terme avec toujours la même question : qu'est-ce que j'apprends à mon enfant en agissant ainsi ? Lorsque l'on devient parent, ce n'est pas un CDD (contrat à durée déterminée) que l'on démarre mais bel et bien un CDV (contrat de vie). Nous éduquons les enfants dans l'espoir qu'ils deviennent des adultes épanouis et non pas seulement des êtres serviles et dociles.

Lorsqu'un enfant nous craint et qu'il est sous stress, son amygdale prend le contrôle de son cerveau. L'amygdale est une sorte de noyau en forme d'amande (*amygdala* signifie « amande » en latin) situé dans la partie centrale et inférieure de notre cerveau. Elle joue un rôle essentiel dans le décodage des émotions et dans les mécanismes de gestion de la peur : elle déclenche un système d'alerte en cas de danger, potentiel ou réel, et prend les commandes du cerveau pour éviter la réflexion et permettre une réponse immédiate. Sous l'effet de la peur et de la menace de la punition, l'enfant peut avoir trois réactions instinctives : l'inhibition, la fuite ou l'attaque. Si l'enfant choisit d'attaquer en réponse, de lutter, l'adulte n'obtient pas le retour au calme qu'il souhaitait et amplifie donc sa répression (en donnant une fessée, par exemple). Devant le danger grandissant, l'enfant finira donc par céder (fuite ou inhibition, comme dans le cas du demi-frère d'Alizée (voir témoignage p. 16).

Lorsque nous faisons peur à un enfant, nous ne le soutenons pas dans son développement naturel, nous ne l'aidons pas à comprendre et à réguler ses émotions (ses réactions sont motivées par la peur), et surtout nous le blessons (physiquement et moralement).

Enfin, notre comportement est un mauvais exemple, qui préconise la soumission par la contrainte du plus fort sur le plus faible. L'enfant peut alors facilement reproduire cette violence, qu'il jugera normale, sous quelque forme que ce soit (physique, verbale ou psychologique), sur des êtres qui se défendront moins bien que lui, comme un animal ou un camarade plus petit.

BON À SAVOIR

L'ÉVOLUTION DU CERVEAU

Le cerveau ne doit pas être considéré comme un objet uniforme mais plutôt comme un puzzle géant composé de nombreuses pièces qui s'emboîtent à l'aide de liaisons appelées « connexions neuronales » ou « synapses ». Tout au long de l'enfance et à chaque fois que l'enfant vit une expérience, aussi minime soit-elle, une nouvelle connexion neuronale apparaît. Pendant les cinq premières années de sa vie, le cerveau de l'enfant fabrique des milliers de synapses par seconde ! Passé cet âge, et surtout à l'adolescence, l'être humain se spécialise en ne gardant que les connexions neuronales les plus sollicitées. On parle alors d'« élagage synaptique ».

Dans le cerveau de l'enfant s'inscriront les pratiques et les expériences qu'il a le plus souvent observées et vécues. Notre mission d'éducateur est donc capitale : ce que nous disons, ce que nous faisons, ce que nous montrons régulièrement à notre enfant a un impact et se grave en lui. Grâce à l'éducation et à l'environnement que nous lui proposons, nous pouvons influer sur le développement naturel du cerveau de notre enfant : non pas en l'aidant à se développer plus vite, mais mieux.

« L'éducation positive permet d'y voir plus clair et de comprendre le pouvoir que nous avons sur le développement naturel de notre enfant. Nos réactions peuvent aider ou au contraire nuire à son épanouissement. »

Coopération

Respect mutuel

Égalité sociale

Erreurs

2

J'essaie l'éducation positive

Solutions

Objectifs de vie

Attachement

Compétences

Encouragement

Conflits

UN NOUVEAU REGARD SUR LA PARENTALITÉ

L'éducation positive invite le parent à changer de regard sur la relation avec l'enfant. Longtemps, l'enfant a été vu comme un bâton tordu qu'il fallait éduquer à la dure pour le redresser. Heureusement, cette image tend à disparaître, notamment grâce à l'apport des neurosciences. L'enfant est perçu davantage comme un être empathique qui, pour bien grandir, a besoin de l'amour inconditionnel de ses parents, d'écoute et d'**encouragement**. Les enfants sont un peu comme les chocolats de Forrest Gump : imprévisibles et surprenants...

Élever un enfant, c'est comme faire pousser une graine dont on ne connaît ni l'origine ni le devenir. C'est en passant du temps avec elle et en l'observant que l'on ajuste notre manière de prendre soin d'elle : un peu plus de soleil, un peu moins d'eau, un plus grand pot... La patience est notre meilleur atout. Au bout de quelque temps et après avoir fait de notre mieux pour accompagner le développement naturel de notre jeune pousse, nous découvrons enfin le résultat tant attendu : un beau tournesol, une rose parfumée, un coquelicot délicat, ou bien encore... un robuste baobab. Qui sait ? Chaque graine est unique, chaque enfant aussi, et rien ne peut laisser présager de l'adulte qu'il deviendra. À nous de le guider pour qu'il s'enracine profondément dans le sol et qu'il se transforme en cette merveilleuse plante qu'il était destiné à devenir.

Avant de commencer l'éducation d'un enfant, demandez-vous quelle est votre ambition finale. Prenez le temps de réfléchir à ce que vous souhaitez réellement lui apporter au fil des ans :

- Quelle est votre mission envers cet enfant ?
- Que voulez-vous lui enseigner ?
- Quelles sont vos plus profondes aspirations ?

« Maman disait : la vie c'est comme une boîte de chocolats, on ne sait jamais sur quoi on va tomber. » (Forrest Gump, film de 1994)

MIND-MAPPING

MON BEL ENFANT

Prenez le temps de l'observer quand il pratique une de ses activités favorites. Sur une feuille blanche, dessinez un grand cœur comme celui représenté ici (ou découpez-le p. 151). Installez-vous dans un coin avec ce dessin de façon à bien voir votre enfant et regardez-le dans son activité sans intervenir.

• Étudiez-le de haut en bas.

• Attardez-vous sur son visage et ses expressions.

• Repensez à son évolution et à tout ce que vous avez vécu avec lui depuis sa naissance. Laissez-vous envahir par différentes émotions et sentez l'amour que vous lui portez grandir en vous.

• Inscrivez le prénom de votre enfant au centre du cœur et notez sur les branches 8 qualités et/ou compétences que vous voyez en lui.

• Quand vous rencontrerez des difficultés avec votre enfant, regardez cette image que vous avez construite de lui. Recentrez-vous sur ses compétences pour vous aider à sortir de ce conflit et restaurer le lien qui vous unit à lui.

Définissez vos objectifs

Lorsque vous êtes avec votre enfant, demandez-vous toujours si vos actes ou vos propos sont en cohérence avec les **objectifs de vie** auxquels vous aspirez.

Posez-vous la question suivante : « Ce que je fais ou ce que je dis aide-t-il mon enfant à développer les **compétences** que j'aimerais qu'il possède à l'âge adulte ? » Vous saurez ainsi rapidement si vous êtes sur le bon chemin et si ce que vous accomplissez a du sens. Dans le cas contraire, il sera nécessaire de réfléchir à une nouvelle approche pour ajuster votre trajectoire.

Ces objectifs de vie vous permettront également de porter un regard neuf sur les défis du quotidien que vous rencontrez avec les enfants. Les **conflits** dans la fratrie, les crises émotionnelles, l'opposition, la gestion des devoirs, la répartition des tâches ménagères... sont autant d'opportunités d'apprentissage pour amener l'enfant à acquérir ces belles compétences que vous souhaitez lui transmettre.

Tout ce qui vous semble difficile et épuisant est en réalité une chance considérable pour apprendre et évoluer ! Les obstacles vous rendent plus fort et vous permettent d'avancer.

RÉFLEXION PERSONNELLE

MON FIL ROUGE ÉDUCATIF

Imaginez que votre enfant soit devenu grand et quitte le nid familial. Vous le regardez commencer sa vie d'adulte et vous vous dites qu'il a tout pour être heureux. Vous vous félicitez d'avoir réussi à l'élever du mieux que vous le pouviez.

Dresser la liste des 10 qualités que vous aimeriez que votre enfant possède quand il sera adulte (*pensez en termes d'adjectifs qualificatifs*)

AUTONOME · DRÔLE · CURIEUX · CRÉATIF · SOCIABLE · EXTRAVERTI

JOYEUX · ENTHOUSIASTE · SÉRIEUX · PERSÉVÉRANT · OPTIMISTE

TRAVAILLEUR · INDÉPENDANT · COURAGEUX · VAILLANT · TÉMÉRAIRE

OBSTINÉ · MÉDIATEUR · AIMABLE · AVENTUREUX · CALME · COOPÉRATIF

DÉBROUILLARD · DÉTERMINÉ · EMPATHIQUE · HONNÊTE

RESPONSABLE · ORGANISÉ

COMMENTAIRES

Cette liste à laquelle vous venez de réfléchir représente votre ligne de conduite éducative ou votre fil rouge. Tel un GPS, elle vous donnera le cap à suivre au quotidien. Gardez-la toujours dans un coin de votre tête ou collée bien en évidence sur votre réfrigérateur, et n'hésitez pas à la relire à la moindre occasion.

FÊTE DES ERREURS !

Chaque jour, que ce soit à la maison lors du dîner familial ou bien à l'école lors d'un temps d'échange en groupe, vous pouvez inviter les enfants et les adultes présents à raconter une de leurs erreurs. L'idée est que chacun puisse analyser toute la richesse de cette mésaventure en réfléchissant à son impact mais aussi aux incidences qu'elle pourrait engendrer dans une autre situation. Au fil du temps, l'erreur ne sera plus vue comme un échec mais comme une opportunité d'apprentissage et une source d'enrichissement personnel.

> « N'ayez plus peur des conflits, des échecs et des erreurs : célébrez-les ! »

Le modèle gagnant-gagnant

Pendant des siècles, la société a vécu sur un modèle d'autorité verticale fondé sur le principe dominateur/dominé. Les règles hiérarchiques étaient explicites et l'obéissance absolue était de mise pour les êtres humains considérés comme « inférieurs ». Ainsi, les paysans étaient soumis à leur seigneur, les esclaves à leur maître, les employés à leur patron… et, au sein de la famille, la mère au père et les enfants aux parents. Aujourd'hui, la société a évolué et la norme a changé. La femme devient (enfin !) l'égal de l'homme et la distinction raciale laisse peu à peu la place à la discrimination positive, pour tendre vers l'égalité des chances pour tous. Les enfants d'aujourd'hui évoluent dans ce nouveau système. Ils observent, constatent, évaluent, et à leur tour ils veulent être reconnus à leur juste valeur.

L'éducation positive reflète l'évolution de la société en donnant la possibilité à l'enfant de prendre une nouvelle position au sein de la famille, avec la mise en place d'un système fondé sur la **coopération** plutôt que sur la docilité, dans un objectif de **respect mutuel** et d'**égalité sociale** entre adultes et enfants. Sortir d'un système d'autorité classique pour aller vers un schéma éducatif fondé sur la coopération passe par de multiples actes du quotidien, à commencer par la mise en place d'un cadre collaboratif.

À partir du moment où nous vivons en groupe (famille, école, travail...), nous avons tous, enfants comme adultes, besoin de l'instauration de règles pour apprendre à mieux vivre ensemble. Il s'agit de définir les besoins de chacun et de trouver comment les satisfaire sans entrer en interférence les uns avec les autres. Les règles sont là pour nous permettre de cohabiter en harmonie et non pour nous limiter ou nous contraindre.

TOUS SINGULIERS !

En effet, nous, les adultes, sommes bien différents des enfants. Nous avons notamment plus d'expérience et nous connaissons mieux les codes qui régissent notre société. Notre cerveau, bien que toujours malléable, est arrivé à maturité. De par ces différences, nous devons servir de référence aux plus jeunes. Notre rôle est d'accompagner les enfants et de les guider au mieux grâce à nos connaissances et nos compétences sociales.

Est-ce pour autant que nous leur sommes supérieurs ? Je ne le crois pas. L'éducation positive parle d'« égalité sociale » pour exprimer le fait qu'adultes et enfants ont la même valeur, tout en mettant en évidence que nous sommes tous singuliers.

> « Être différent et avoir la même valeur. »

LE CADRE COOPÉRATIF

À la maison comme à l'école, dans le cadre d'une sortie, pour les devoirs du soir, pour la préparation du matin, pour un long trajet en voiture... vous pouvez avoir besoin d'instaurer certaines règles avec un enfant ou un groupe d'enfants. L'objectif est de réfléchir à ces lignes de conduite avec toutes les personnes impliquées dans la situation rencontrée. Le cadre éducatif coopératif est créé *avec* les enfants et non pas seulement *pour* les enfants. La nuance est subtile mais elle fait toute la différence. En effet, un enfant respecte d'autant mieux une règle qu'il en est à l'origine. En réfléchissant lui-même à la mise en place d'un cadre, l'enfant le comprend plus facilement et l'applique sans difficulté. Son implication crée une valeur ajoutée qui lui permet de se responsabiliser.

Voici un exemple de questions que l'on peut être amené à poser à l'enfant (et au reste du groupe) pour définir un cadre :

• Quelles sont les règles que tu penses nécessaires et utiles pour l'ensemble du groupe ?

• De quoi as-tu besoin personnellement pour te sentir bien ?

• Quelles sont les difficultés que tu pourrais rencontrer dans cette situation ?

• Quelles sont tes propositions pour répondre aux besoins de tous (les tiens comme ceux des autres) ?

• Qu'est-ce qui te rendrait la tâche plus facile ?...

Le point de vue de...

Vanessa, 37 ans,
enseignante dans une classe de CP

Quand j'ai commencé à enseigner, je scotchais sur un mur de ma classe une affiche intitulée « Règles de vie ». J'y avais noté tout ce qu'il fallait faire ou ne pas faire au sein de l'école pour le bien-être de tous, par exemple : ne pas courir dans les couloirs, ne pas taper, lever la main pour prendre la parole... À chaque rentrée scolaire, je lisais ces consignes à mes élèves. À l'issue d'un stage en éducation positive, je me suis mise à penser au cadre coopératif et j'ai changé ma manière de procéder. Maintenant, je colle un grand poster vierge au tableau et je demande aux élèves de réfléchir à des idées qui nous permettraient de passer la meilleure année possible tous ensemble au sein de la classe. Nous créons donc nos règles de vie en collectivité. Cette activité est très stimulante et les élèves, bien qu'étonnés de ma démarche, fourmillent de propositions ! Chacun réfléchit et étaie son propos. C'est un très beau moment d'échange et de partage.

Le point de vue de...

Florent, 55 ans, formateur pour adultes

Dans le cadre de mon métier et avant de commencer une formation avec de nouveaux stagiaires, je liste quelques règles de base. Avec le recul, je me suis rendu compte que je ne demandais jamais aux participants ce dont ils avaient besoin : je ne parlais que de moi... Surtout, je leur imposais des limites qui pouvaient s'apparenter à des contraintes, comme le fait d'être ponctuel. Dorénavant, je pose le cadre différemment. Dans un premier temps, j'explique aux participants mes propres besoins avant de faire une demande qui n'implique que moi : par exemple, au lieu de tenter de les contraindre à des horaires, je leur explique que je commence et termine ma formation toujours à heures fixes. Chacun devient ainsi responsable de son apprentissage et les éternels retardataires qui prennent le train en marche ne craignent plus d'être mal vus. Quant aux stagiaires ponctuels, ils sont ravis car ils savent que je respecterai les horaires initiaux. Dans un second temps, chaque participant fait la liste de ce dont il a besoin pour apprendre dans des conditions optimales. Je vois ensuite ce qu'il est possible de mettre en place sans entraver le bon déroulement de ma formation. Une fois, une participante m'a avoué que mes sièges étaient inconfortables et m'a demandé l'autorisation de rapporter de chez elle une chaise pliante de camping. Cela ne m'a pas gêné du tout et elle était satisfaite !

LES RÈGLES NON NÉGOCIABLES

L'objectif n'est pas de passer son temps à définir des cadres de vie avec les enfants. Le but est d'en instaurer quand c'est nécessaire pour le bien-être du groupe ou après avoir rencontré des difficultés lors d'une situation précise qui risque de se reproduire. Pour certains cas, notamment quand la sécurité d'une ou de plusieurs personnes est engagée, le cadre doit être imposé par l'adulte sans autres choix possibles. On parle alors de règles non négociables. Cela peut, par exemple, concerner l'obligation de rester attaché sur son siège lorsque l'on est en voiture.

Mais attention, le fait que ces règles ne soient pas discutables ne signifie pas pour autant que l'on ne puisse pas les expliquer aux enfants pour qu'ils les comprennent mieux. Il est primordial de donner des informations pour répondre au besoin de sens et de compréhension de chacun.

La valeur de l'exemple

BON À SAVOIR

LES NEURONES MIROIRS

Dans les années 1990, les scientifiques ont découvert la présence de neurones miroirs dans le cerveau humain, au niveau du cortex préfrontal (derrière le front). Ces neurones joueraient un rôle dans la cognition sociale, notamment dans l'apprentissage par imitation. Ils expliqueraient pourquoi les individus font plus facilement ce qu'ils voient que ce qu'ils entendent.

Cette découverte est essentielle en matière éducative et d'une manière plus large dans le domaine de la communication. Elle nous montre combien il est important de rester cohérent en corrélant nos actes à nos propos mais aussi en étant l'adulte que nous voulons que l'enfant soit. Dire ne suffit pas, il faut surtout montrer l'exemple. Le célèbre adage « Fais ce que je dis, pas ce que je fais » n'a aucun sens dans l'apprentissage : l'enfant retient en priorité ce qu'il voit et non ce qu'on lui dicte. Ainsi, si vous demandez à votre enfant d'arrêter de crier mais que vous n'y arrivez pas vous-même, les chances pour qu'il y parvienne sont infimes.

MONTRER L'EXEMPLE

La meilleure façon de transmettre à un enfant des valeurs qui vous sont chères ou des compétences que vous souhaitez qu'il acquière est de les appliquer vous-même au quotidien.

Vous aimeriez que votre enfant apprécie la vie à sa juste valeur ? Qu'il ne se décourage pas devant les difficultés ? Montrez-lui l'exemple !

PERSONNE N'EST PARFAIT

L'idée n'est pas d'être parfait. C'est tout simplement impossible et surtout contre-productif pour les enfants. Imaginez donc la tension qu'ils pourraient ressentir à nous voir, nous adultes, ne jamais échouer et ne jamais faillir. Ils chercheraient à nous égaler et se laisseraient gagner par la peur de l'échec. Nous sommes tous imparfaits et c'est parfait comme ça. L'objectif est de ne pas avoir honte de ses erreurs et de chercher à s'améliorer chaque fois un peu plus. Nous pouvons nous tromper, dire des gros mots, crier… Mais ne le nions pas et cherchons des solutions pour faire mieux. Montrer aux enfants que l'on assume ses erreurs et que l'on cherche à s'améliorer est un très bon exemple.

« On ne peut bien gouverner sa famille qu'en donnant l'exemple. » (Confucius)

LE POINT DE VUE DE…

Fabrice, papa de Nicolas 17 ans, Oscar 11 ans et Valentine 5 ans

Il y a quelques mois, je me suis énervé contre mon aîné qui utilisait son téléphone à table. Je lui ai demandé de « décrocher » afin de ne pas devenir complètement obsédé par les nouvelles technologies. Il m'a alors rétorqué : « Et toi, tu fais quoi ? » Je me suis rendu compte que je demandais à mon fils quelque chose que j'étais incapable de m'imposer à moi-même- Mon portable était en effet allumé en permanence et je répondais à chaque appel, quitte à interrompre mes occupations. Nous avons donc décidé tous les deux de faire des efforts, moi le premier. Ainsi, chaque soir avant le dîner, nous éteignons nos téléphones pour prendre le repas en famille sans être importunés. Nous avons aussi décidé d'appliquer cette règle quand nous pratiquons une activité en famille ou que nous sortons au restaurant. J'avoue que les premiers temps ont été très difficiles pour moi, mais le résultat en vaut largement la peine. Finalement, l'addict c'était moi !

L'ADULTE, C'EST VOUS

Votre aîné a beau être le plus âgé, il n'en reste pas moins un enfant. Vous avez deux garçons uniques et le premier n'est pas là pour montrer le chemin au second. Votre adolescent a le droit de faire des erreurs. Il est en plein apprentissage de la vie, son cerveau est loin d'être mature. Ce n'est pas à lui de montrer l'exemple, mais bel et bien à vous.

Beaucoup d'enfants se plaignent de leur statut d'aîné qui leur confère trop de responsabilités. Il est essentiel que chacun de vos enfants reste à sa juste place, celle d'enfant. L'adulte qui sert de guide, c'est vous. En revanche, n'hésitez pas à encourager votre aîné lorsque son attitude positive vous aide à développer les compétences de votre benjamin. Mettre en avant les aînés, oui ; les faire endosser un rôle qui vous incombe, non !

BON À SAVOIR

LES RÈGLES DE POLITESSE

Une autre situation qui interroge un grand nombre de parents concerne les règles de politesse. Beaucoup d'adultes se plaignent des enfants qui n'arrivent pas à dire bonjour correctement ou à penser au « s'il te plaît » et au « merci ». Là encore, la valeur de l'exemple prime. En nous regardant, les enfants apprennent les codes qui régissent notre société. Il nous suffit juste d'être polis pour que nos chères têtes blondes le soient. Laissez-leur le temps d'assimiler cet apprentissage. Cette attitude est nettement plus plaisante que de s'évertuer à s'exclamer à chaque occasion : « Dis bonjour à la dame ! », « On dit merci ! »...

Le point de vue...

Danièle, maman de Caroline 41 ans
et de Véronique 38 ans

Quand j'étais petite, ma mère m'obligeait à dire bonjour à tous les adultes que nous rencontrions en leur donnant deux baisers sur chaque joue. Gare à moi si je ne m'exécutais pas sur-le-champ ! Elle me jetait un regard noir en disant : « Qu'est-ce qu'on dit, Danièle ? » Ça m'était insupportable. Quand mes filles étaient petites, je ne les ai jamais contraintes à ce rituel. Je ne connaissais pas les neurones miroirs mais je me disais qu'avec le temps elles apprendraient les règles de politesse en regardant simplement comment cela se passait autour d'elles. Le temps m'a montré que j'avais raison. Pour moi les bisous n'étaient pas la priorité, en revanche il me tenait à cœur de leur montrer qu'un vrai bonjour se fait avec le cœur en regardant l'autre dans les yeux pour lui montrer qu'on le voit « vraiment ». Je me souviens d'une fois où ma benjamine, alors âgée de 4 ans, a refusé de dire bonjour à sa grand-mère maternelle. J'ai vu le visage de ma mère se décomposer ! J'ai glissé un clin d'œil à ma fille et je suis allée embrasser ma mère une nouvelle fois en lui disant : « Comme il te manque un bonjour et des baisers comme tu les aimes, en voici un de plus de ma part ! » La tension s'est apaisée et tout le monde a bien ri.

BON À SAVOIR

LES BONJOURS À TRAVERS LE MONDE

Certains adultes pensent que les règles de politesse forgent le caractère. Un enfant qui ne dit pas bonjour dans les règles de l'art peut être considéré comme insolent. Il est intéressant de savoir que cette notion diffère selon les pays puisque l'on ne se salue pas partout de la même façon. Nos règles de politesse sont des usages qu'il n'est pas toujours opportun d'utiliser ailleurs sous peine de paraître… irrespectueux ! Ainsi, au Japon, on s'accueille en baissant le haut du corps et la tête sans dire un mot et en évitant tout contact physique. Aux Pays-Bas, les baisers sont réservés aux seuls membres de la famille ; aux États-Unis, on se salue par une simple accolade. Enfin, si vos chères têtes blondes tirent la langue pour accueillir vos convives, expliquez à ces derniers que c'est ainsi que les Tibétains se disent bonjour !

> Soyez l'adulte que vous voulez que votre enfant devienne.

Mieux appréhender les « bêtises »

« Mais pourquoi fait-il ça ? » Vous êtes-vous déjà posé cette question au sujet de votre enfant ? Pourquoi votre bambin de 2 ans a-t-il dessiné sur les murs du salon ? Pourquoi votre fille de 4 ans pique-t-elle des crises de colère à répétition ? Pourquoi votre garçon de 10 ans passe-t-il son temps à être puni à l'école ? Pourquoi votre adolescent de 16 ans a-t-il un comportement totalement irresponsable ?…

La première des choses à prendre en considération est le regard que vous portez sur les bêtises de votre enfant. Le terme de « bêtise » dénote un comportement stupide, dénué de bon sens. Ainsi, avoir fait une bêtise n'est jamais valorisant pour un enfant : il se sent honteux. Parler d'« erreur » ou de « comportement inapproprié » serait plus adéquat pour éviter de blesser son estime de soi.

La façon dont vous jugez les attitudes de votre enfant aura un impact sur votre réaction puis sur la relation même que vous entretenez avec lui. Il ne faut donc pas la minimiser. C'est exactement la même problématique que dans le cadre de l'activité avec la boulangère (voir p. **35**) : comprendre ce qui se passe dans la tête de nos bambins nous permet de mieux appréhender la situation et donc d'apporter une réponse plus juste au problème rencontré, tout en gardant le lien.

Ôtez-vous de l'esprit que votre enfant est « mauvais » ou qu'il cherche à vous pousser à bout, ce serait bien trop simple ! Chercher l'origine du problème vous permettra de trouver une solution efficace et pérenne à celui-ci.

> « Les enfants font toujours de leur mieux.
> Il y a toujours une raison
> à un comportement inapproprié. »

FACE AUX COMPORTEMENTS DIFFICILES

« Ivan ne m'écoute jamais ! Je dois répéter dix fois les choses ! », « Alice refuse de faire ses devoirs et chaque soir nous allons au conflit », « Matthieu et Sébastien, mes deux enfants, passent leur temps à se disputer. Les conflits dans la fratrie, je n'en peux plus ! ». Voici quelques exemples classiques de difficultés rencontrées quotidiennement par les parents. L'éducation positive permet avant tout de changer de regard sur les problématiques et le comportement de l'enfant. Elle propose également de comprendre les **erreurs** de chacun pour offrir la réponse la plus appropriée. En prenant du recul et en réfléchissant à des réponses permettant à l'enfant de faire mieux à l'avenir, notamment grâce à une recherche de **solutions**, l'adulte aide l'enfant à développer au mieux les compétences qu'il souhaite voir évoluer en lui.

QUIZ

PUNITIONS OU SOLUTIONS ?

Anna, une fillette de 7 ans, est toujours en retard pour se préparer le matin. Elle a deux frères : Alban (15 ans) et Félix (11 ans). Afin de pouvoir déposer ses enfants à l'heure à l'école Paul, le papa, doit pouvoir quitter la maison à 8 h 15. Or Anna n'est jamais prête. Elle finit par sortir en trombe de sa chambre à 8 h 25. En partant à cet horaire, Paul est en retard à l'école et à son travail. Il a déjà subi plusieurs réprimandes de la part de la maîtresse d'Anna parce que cette situation se répétait ; Alban a écopé de plusieurs heures de colle et Félix est revenu plus d'une fois avec des lignes à copier.

Cas n°1 : Paul en a assez de répéter à Anna de se dépêcher tous les matins. La situation dure depuis trop longtemps et il choisit de sévir. Voici plusieurs punitions auxquelles il a pensé pour inciter Anna à se prendre en main :

- Anna devra recopier les punitions de Félix relatives aux retards ;
- si Anna n'est pas habillée à 8 h 15, elle partira en pyjama à l'école ;
- tant qu'Anna ne sera pas à l'heure le matin, elle sera de corvée de vaisselle tous les jours ;
- plus de télévision le soir pour Anna.

Paul va maintenant faire part de ses décisions à Anna.

Comment pensez-vous que la fillette se sente ? (*Cochez une ou plusieurs propositions*)

- ❍ soutenue
- ❍ coupable
- ❍ encouragée
- ❍ en colère
- ❍ capable de mieux faire

Pensez-vous qu'en agissant ainsi Paul se rapproche des objectifs de vie qu'il s'est fixés concernant ses enfants ?

- ❍ OUI
- ❍ NON

Cas n° 2 : Paul convoque toute la famille pour une grande réunion au sujet de l'organisation du départ pour l'école. Il souhaite trouver des solutions pour aider Anna à être à l'heure pour un départ programmé à 8 h 15. Il demande d'abord à sa fille de lui expliquer son programme du matin pour voir ce qui lui prend le plus de temps. Il lui propose ensuite de réfléchir à ses besoins pour arriver à se préparer plus rapidement. Puis chaque membre de la famille (y compris Anna) est invité à proposer des ébauches de solution. En voici quelques-unes :

• préparer les vêtements la veille au soir ;

• acheter un réveil à Anna pour qu'elle puisse mieux gérer son temps ;

• établir un tableau de routines (voir p. **81**) ;

• prendre un petit déjeuner à table (actuellement la fillette déjeune seule devant la télévision et perd la notion du temps ; elle aimerait partager son premier repas avec son père ou l'un de ses frères pour plus de convivialité et une meilleure gestion du temps).

Anna est ensuite invitée à choisir la ou les propositions qu'elle trouve les plus judicieuses. Le reste de la famille réfléchit à ce qu'il est possible de faire pour l'aider en fonction des options retenues.

Comment pensez-vous que la fillette se sente ? (*Cochez une ou plusieurs propositions*)

- ❍ soutenue
- ❍ coupable
- ❍ encouragée
- ❍ en colère
- ❍ capable de mieux faire

Pensez-vous qu'en agissant ainsi Paul se rapproche des objectifs de vie qu'il s'est fixés concernant ses enfants ?

- ❍ OUI
- ❍ NON

RÉSULTATS

Cette activité permet de mesurer la différence de l'impact entre une punition et la recherche d'une solution. Lorsque nous punissons un enfant, nous sommes résolument tournés vers le passé. Nous avons à l'esprit de lui faire payer son comportement inapproprié. À l'inverse, lorsque nous réfléchissons à une solution, notre regard est tourné vers l'avenir. L'enfant a eu une attitude qui ne nous a pas convenu mais nous allons chercher à l'aider pour qu'il se comporte autrement à l'avenir. Nous sommes alors dans l'objectif d'un travail d'équipe entre l'enfant et l'adulte.

Cas n° 1 : Les punitions font essentiellement ressortir des sentiments de rancœur, de ressentiment, de culpabilité, voire de colère. L'enfant se sent mal et son estime de soi est blessée. La plupart du temps, il finit par se comporter comme le souhaitent les adultes, par peur des représailles et non pas dans un esprit de mieux-vivre ensemble. Il veut éviter une punition ou obtenir une récompense.

Cas n° 2 : Dans une recherche de solutions, l'enfant est placé positivement au cœur de la situation ; il y a un problème mais il n'est pas le problème. L'enfant ne se sent pas isolé et comprend que les adultes veulent l'aider à faire mieux. Il essaiera de progresser dans le but d'améliorer la vie du groupe auquel il se sent appartenir.

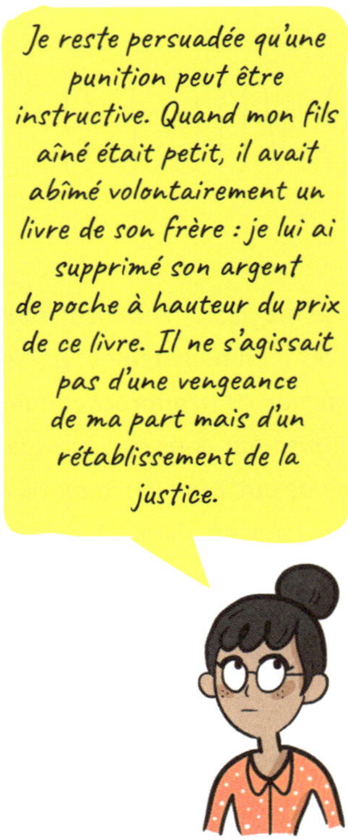

LA RÉPARATION

Dans votre exemple, vous avez souhaité mettre en place une « réparation » en fonction du préjudice commis. Sur ce point, je ne peux qu'être d'accord avec vous. Vous restez dans la lignée des compétences que vous souhaitez enseigner à vos enfants. Il est en effet essentiel que les enfants apprennent à corriger leurs erreurs en fonction de leur âge et de ce qu'il leur est possible d'assumer.

Cependant, je pense que pour être encore plus efficace, il aurait été pertinent que vous demandiez à votre aîné de réfléchir à des solutions plutôt que de lui imposer la vôtre. Il aurait ainsi été invité à mesurer toutes les conséquences de son acte et à réparer spontanément l'erreur qu'il avait commise. Cette démarche lui aurait permis d'être encore plus responsable, tout en l'aidant à développer sa créativité à travers la recherche de solutions. Si vous lui supprimez son argent de poche sans avoir eu d'échanges avec lui au préalable, la réparation se transforme en punition dont l'objectif premier est avant tout de « faire payer à l'autre » son acte.

Enfin, l'idéal aurait été d'enclencher en amont une discussion avec votre fils pour mieux comprendre les motivations de son geste, car l'enfant agresseur est généralement plus en souffrance qu'on ne le pense.

Le point de vue de...

Benjamin, 7 ans

Quand je suis entré en CP, j'ai changé d'école et, régulièrement, je me faisais chahuter dans la cour par deux grands de CM2. J'en ai parlé à la directrice qui les a immédiatement punis. Ils ont eu des mots dans leur carnet, des corvées à faire et l'interdiction de m'approcher dans la cour. Sur le coup, j'étais très content et je me disais que c'était bien fait pour eux, mais un jour l'un d'entre eux s'est retrouvé dans les toilettes en même temps que moi. Il m'a dit qu'à l'école il ne pouvait pas m'approcher mais que s'il me voyait dehors il me casserait la figure. Maintenant j'ai encore plus peur qu'avant.

Le vivre ensemble à l'école

Il était en effet essentiel qu'un adulte intervienne pour éviter une souffrance trop grande à Benjamin. L'école doit pouvoir proposer un cadre de vie agréable dans lequel chaque enfant se sente à sa place et en sécurité. Le problème, c'est que les punitions incitent souvent les agresseurs à développer un sentiment de revanche. Avant d'intervenir, la directrice aurait pu s'intéresser au parcours des deux élèves harceleurs pour tenter de comprendre leur comportement et entreprendre de le modifier de manière pérenne. Elle aurait pu ensuite échanger avec les trois élèves concernés pour mettre en place une recherche de solutions.

Enfin, il aurait pu être judicieux d'échanger avec l'ensemble des élèves de l'école autour des sujets concernant le respect des autres, la vie en groupe et le harcèlement scolaire.

Au quotidien, il peut être utile d'organiser des séances de travail collectives autour du vivre ensemble à l'école, ce que permettent notamment les interventions de formateurs en discipline positive (www.disciplinepositive.fr). Le cas de Benjamin n'est, hélas, pas un cas isolé et aurait pu aider un grand nombre d'élèves.

LA RECHERCHE DE SOLUTIONS

Lors de la mise en place d'une recherche de solutions, toutes les personnes liées de près ou de loin à la problématique sont invitées à participer à l'échange. La situation est présentée au groupe et les personnes directement impliquées peuvent donner leur point de vue. Chaque participant peut ensuite librement proposer des idées dont le but est d'améliorer la vie de chacun. Lors de la présentation de la situation, veillez bien à ne pas incriminer une personne en particulier.

Il y a bel et bien un problème mais personne n'est LE problème. Une recherche de solutions implique au minimum un adulte et un enfant, voire deux enfants seuls quand ils ont suffisamment d'expérience. Toutes les solutions respectueuses et aidantes sont retenues. À l'issue de l'échange, la ou les personnes directement concernées choisissent une ou deux propositions qui leur conviennent et s'engagent à l'appliquer. Le groupe se donne rendez-vous ultérieurement pour un bilan (au moins une semaine après). L'objectif est de voir si la situation s'est améliorée et si la solution retenue a été la bonne. Dans le cas contraire, une autre solution devra être mise en place. Une recherche de solutions peut se faire à l'oral ou à l'écrit si vous souhaitez en garder une trace.

Le point de vue de...

Amir, 44 ans, professeur des écoles en maternelle

De par mon métier, il m'arrive très souvent d'avoir à intervenir dans des conflits entre enfants. C'est l'apprentissage de la vie en groupe. Auparavant je cherchais à mettre en place des solutions tout seul et quand je ne savais pas quoi faire, je punissais ! Un jour, je me suis décidé à pratiquer une recherche de solutions en classe, à propos des jeux disponibles pour les enfants dans la cour : il y avait des vélos, des tricycles, des pneus à faire rouler et une moto-trotteur, une seule. Pas un jour ne passait sans qu'une dispute n'éclate à cause de ce jouet que beaucoup d'enfants convoitaient ! Ma première idée a été de supprimer cette moto, mais je me suis dit que je n'apprendrais rien aux enfants et qu'il s'agissait en fait d'une punition collective déguisée. Ma recherche de solutions a donc commencé ainsi : comment faire pour s'organiser dans la cour et jouer dans la bonne humeur avec une seule moto ? J'ai été étonné par les propositions des enfants. Chacun avait son mot à dire ! Finalement, nous avons retenu les deux solutions qui nous semblaient les plus faciles à appliquer : utiliser un chronomètre pour limiter le temps d'utilisation de chaque enfant pour la moto – nous en avons profité pour désigner chaque jour un chef du chronomètre car cette mission plaisait beaucoup aux élèves – et organiser une vente de gâteaux afin de récolter des fonds pour acheter de nouvelles motos. Les gâteaux ont été réalisés par tous les enfants de l'école pour la journée consacrée à la vente. Depuis cette anecdote, j'organise régulièrement des recherches de solutions en groupe. Je pense sincèrement que cette démarche participe à la bonne cohésion du groupe et au plaisir d'être ensemble, sans parler des bénéfices pour le développement des compétences sociales des enfants. J'archive toutes ces recherches de solutions dans un classeur que je remets aux parents à la fin de l'année.

Quand on décide de mettre en place une recherche de solutions pour la première fois, il faut parfois s'attendre à un désarroi de la part des enfants, surtout s'ils sont « grands ». La plupart sont habitués aux punitions et ne fonctionnent que sur ce modèle éducatif. Conditionnés par le système punitions/récompenses, ils ont parfois du mal à voir comment on pourrait s'y prendre autrement. Il s'agit d'une nouvelle démarche cognitive à leur proposer en faisant appel à leur créativité. L'idéal est bien évidemment de commencer le plus tôt possible pour que cette approche devienne rapidement une habitude. Si les enfants sont peu loquaces, n'hésitez pas à les mettre sur la voie en proposant vos propres idées. Tant que les propositions des enfants ne sont pas irrespectueuses et vont dans le sens d'une solution, notez-les, même si elles vous semblent totalement ubuesques. Vous choisirez ensemble les propositions les plus évidentes à mettre en place à la fin de la discussion. Si vous jugez trop rapidement leurs idées, ils risquent de ne plus vouloir participer à aucune recherche de solutions.

Avant toute recherche de solutions, il est impératif de s'interroger sur les raisons du mauvais comportement de l'enfant. Les erreurs ne sont pas toutes faites pour les mêmes raisons. C'est en prenant le temps d'observer l'enfant, en tenant compte de son âge, de sa maturité cérébrale, ou encore en prêtant attention à son style de vie que vous pourrez comprendre ce qui l'anime.

Nous verrons dans la suite de ces pages les cinq principales causes des attitudes jugées inappropriées des enfants :

- **L'enfant a un comportement naturel pour son âge** ;
- **L'enfant ne sait pas ce que l'on attend de lui** ;
- **L'enfant ne sait pas comment faire** ;
- **L'enfant réagit sous l'action du stress** ;
- **L'enfant exprime un besoin.**

Souvenez-vous qu'un comportement difficile peut être le résultat d'une ou de plusieurs de ces causes.

L'enfant a un comportement naturel pour son âge

Dans ce cas, il s'agit des « bêtises » que la majorité des enfants font car elles correspondent à une étape classique de leur développement. L'enfant ne PEUT PAS agir autrement pour le moment. Par exemple un enfant de 15 mois qui touche à tout, ou un enfant de 2 ans qui s'oppose beaucoup, ou encore une fillette de 4 ans qui se roule par terre pour hurler sa colère. Dans ces situations, il est important de se rassurer (ça va passer !) et d'accompagner l'enfant dans cette étape de sa vie. Punir l'enfant et le gronder ne changera rien, pire, cela ne pourra que créer de la confusion dans son esprit. Il est donc important d'adapter son attitude pour l'aider au mieux. De nombreuses solutions existent pour répondre à ces problématiques. L'important est surtout de prendre conscience que l'enfant ne fait pas exprès, qu'il ne vous « cherche » pas et qu'il est simplement en train de grandir. Le but est de l'accompagner dans son développement naturel en gardant à l'esprit les objectifs de vie que vous vous êtes fixés le concernant.

Reprenons l'exemple de ce charmant bambin de 15 mois qui touche à tout. Imaginez-vous dans le corps et la tête de cet enfant qui découvre la marche. Toute sa vie durant, il a vécu allongé ou à quatre pattes, mais voilà que depuis peu il voit la vie de plus haut et peut se déplacer rapidement. Pendant quinze mois, il a observé le monde sans pouvoir attraper ou toucher ces mille merveilles qui l'entouraient. Et maintenant il peut ! Quelle joie et quelle fierté, d'autant qu'apprendre à marcher n'a pas été de tout repos. Notre bébé est devenu un vrai explorateur et, en tant que tel, il a envie de tout découvrir… Lui interdire de toucher aux objets qui l'entourent risquerait de mettre un frein à sa curiosité et à son envie de s'ouvrir au monde extérieur.

LA REDIRECTION PLUTÔT QUE L'INTERDICTION

Il ne s'agit pas de laisser un enfant de 15 mois faire ce qu'il veut mais de prendre conscience qu'il est très difficile pour lui, voire impossible, de résister à la tentation. Son cerveau est bien trop immature pour être raisonnable et faire la différence entre ce qu'il a le droit de toucher et ce qui est encore trop fragile ou dangereux pour lui. Vous pouvez passer votre temps à le surveiller et à lui dire : « Non, ne touche pas à ça ! », mais vous risquez d'être rapidement épuisée, et votre petit très frustré. De plus, un jeune enfant a besoin d'expérimenter pour mieux appréhender le monde qui l'entoure. Bien entendu, je peux tout à fait comprendre que vous ne souhaitiez pas qu'il s'approche du vase de votre grand-mère simplement pour vérifier que le cristal est fragile !

Pour cela, il existe des solutions, comme l'éloigner des tentations. Vous pouvez placer hors de sa portée les objets que vous ne souhaitez pas qu'il touche. Lorsque l'on a un jeune enfant, il est indispensable d'aménager l'environnement qui l'entoure. Il s'agit de lui laisser le plus de libertés possible dans un cadre sécurisé. Vous pouvez également manipuler avec lui les objets qui vous sont les plus précieux pour lui apprendre, petit à petit, à en prendre soin.

Le point de vue de...

Jennifer, maman de Juliette 3 ans

Ma fille est très coquette. Elle adore les robes de princesse qui tournent, les jolies barrettes, le vernis à ongles et les effluves de parfum. Il y a quelques semaines, Juliette a repéré dans ma trousse à maquillage un rouge à lèvres rose brillant qui lui a beaucoup plu. Je lui ai expliqué que je tenais beaucoup à ce rouge à lèvres et que je ne souhaitais pas qu'elle l'utilise seule, sans ma permission. Je lui ai proposé de le lui prêter de temps en temps pour se déguiser à la maison. Mais un jour, catastrophe... Mon mari l'a surprise en train de se mettre du rouge à lèvres, mon rouge à lèvres auquel je tenais tant !

La colère passée, je me suis assise auprès d'elle pour tenter de comprendre. Après avoir pleuré à chaudes larmes, elle m'a expliqué que la tentation était trop grande et qu'elle n'avait pas réussi à y résister. Elle m'a elle-même demandé de ranger le rouge à lèvres autre part pour éviter de le voir tous les jours. Alors j'ai compris que le désir était trop fort à gérer pour elle et j'ai rangé mon maquillage ailleurs. Je m'étais montrée trop exigeante : il ne fallait pas attendre d'elle qu'elle reste stoïque toute la journée devant mon rouge à lèvres ! J'ai également offert à Juliette un mini-brillant transparent pour répondre à son envie de faire comme une grande tout en restant à sa place de petite fille.

FAIRE DIVERSION

Quand un enfant s'intéresse à un objet interdit ou persiste à faire quelque chose que vous jugez inadéquat, pensez à créer une diversion afin de diriger son attention ailleurs. Vous pouvez également lui proposer un objet similaire mais adapté à son âge, tout en lui expliquant les raisons qui vous poussent à l'éloigner de l'objet interdit.

BON À SAVOIR

LE TEST DU MARSHMALLOW

Le premier test dit « du marshmallow* » a été réalisé dans les années 1960 à l'université Stanford aux États-Unis par le professeur de psychologie Walter Mischel. Dans ce test, un adulte propose à de jeunes enfants de déguster immédiatement un marshmallow ou bien de patienter dans l'objectif d'en obtenir un second. L'expérimentateur laisse l'enfant seul dans une pièce neutre en expliquant qu'à son retour – il ne précise pas la durée de son absence – il recevra une guimauve supplémentaire s'il a résisté à la tentation de manger la première qui lui était proposée. Walter Mischel a testé plus de 500 enfants et les résultats de ses recherches ont été répertoriés dans un livre, *Le Test du marshmallow* (2015). Il a notamment montré qu'avant l'âge de 4 ans, il est très difficile, voire impossible, pour l'enfant de résister à cette tentation. Au-delà de cet âge, pour réussir à patienter, l'enfant a recours à des stratégies enseignées par l'adulte. Dans le cadre du test du marshmallow, il a ainsi été proposé aux enfants d'imaginer le bonbon comme enfermé dans un tableau. Cette technique de visualisation mentale a permis à un grand nombre d'enfants de mieux gérer la frustration. Walter Mischel a suivi les enfants de ces premiers tests sur plus de trois décennies. Il a constaté que les enfants qui avaient résisté le mieux à la tentation étaient devenus des adultes capables d'un meilleur fonctionnement cognitif et social, d'une meilleure confiance en soi et d'une meilleure gestion du stress.

* Voir sur YouTube « Le test du chamallow de Walter Mischel ».

Avec un enfant de plus de 4 ans, la gestion de sa frustration par la mise en place de stratégies développées au fil du temps s'avère donc une bonne solution. Il n'est cependant pas nécessaire de frustrer volontairement un enfant sous prétexte d'apprentissage, la vie procurant un nombre suffisant d'occasions d'insatisfaction.

Dans cette expérience, il est également important de prendre en considération la confiance de l'enfant vis-à-vis de l'adulte. Si l'enfant a l'habitude d'entendre des propos qui ne sont jamais suivis d'actes, il y a de grandes chances pour qu'il mange le premier marshmallow sans prendre la peine d'attendre le retour de l'expérimentateur. Il préférera obtenir une sucrerie immédiatement mais de façon certaine plutôt que d'attendre deux hypothétiques guimauves, en pensant au célèbre adage : « Un tiens vaut mieux que deux tu l'auras. » Encore une fois, notre rôle en tant que guide est très important. Non seulement nous devons aider nos enfants à développer des stratégies pour gérer leurs frustrations, mais nous devons aussi tenir nos engagements pour que la confiance qu'ils mettent en nous reste intacte. C'est ce qui nous permettra de les aider à développer de meilleures compétences cognitives et sociales.

Le point de vue de…

Vincent, papa d'Emy 6 ans

Quand je vais faire les courses avec ma fille, il m'arrive très souvent de la voir courir pour me rapporter mille et une merveilles qu'elle aimerait bien acheter. Nous discutons de ce qu'elle m'apporte, elle me dit ce qui l'intéresse vraiment et je lui fais également part de mon avis. Il m'arrive d'acheter ce qu'elle souhaite parce que j'en ai moi-même envie ou parce que j'adhère à ses arguments. La plupart du temps, Emy repose ce qu'elle a trouvé, un peu déçue mais ravie que j'aie pris le temps de considérer ce qu'elle m'a apporté. Je me souviens d'un jour où mon écoute habituelle n'a pas suffi…

Nous étions dans un magasin de décoration et Emy avait repéré une énorme boule fluorescente. J'avais l'impression qu'elle avait découvert le Saint-Graal tant ses yeux brillaient devant cet objet. Face à mon refus de le lui acheter immédiatement, elle s'est mise à pleurer à chaudes larmes. En arrêt devant cette balle, elle ne voulait pas sortir du magasin et je ne voyais pas comment me dépêtrer de cette situation, d'autant plus que tout le monde nous regardait.

Je lui ai proposé de prendre en photo cette balle et de garder cette idée de cadeau pour son anniversaire ou pour Noël. Elle a accepté mon idée et a même voulu prendre elle-même le cliché. Pendant plusieurs jours, Emy a demandé à revoir la photo. De mon côté, je n'ai pas failli à ma promesse et lui ai acheté ce cadeau pour le Noël suivant. Elle était aux anges et l'attendait impatiemment.

LE CAHIER DES ENVIES

La création d'un « cahier des envies » est une bonne stratégie pour apprendre aux enfants à gérer leurs frustrations. Quand vous ne souhaitez pas leur acheter un jouet qu'il réclame de manière insistante, demandez-leur de prendre une photo de l'objet de leur convoitise pour la coller dans leur cahier des envies.

Il s'agit d'un simple cahier à feuilles blanches que l'enfant peut personnaliser en le décorant à sa guise. Il pourra le consulter à loisir, en vous parlant des jouets dont il rêve tant. Il pourra également barrer l'image si finalement l'objet ne lui plaît plus. Ce cahier des envies sera pour vous une liste précieuse de cadeaux à faire pour les anniversaires et les Noëls futurs.

J'ai passé l'âge des enfants qui touchent à tout ou qui ont du mal avec la frustration. En revanche, mon ado de 14 ans me donne du fil à retordre et je voudrais savoir si c'est « naturel ». L'autre jour, il est allé à une soirée alcoolisée et l'un de ses copains a fait un coma éthylique. Mon fils et ses amis ont d'abord raconté à ses parents qu'il était très fatigué, sans faire mention de l'alcool ! Heureusement, le jeune homme a pu être pris en charge rapidement mais j'ai sermonné mon fils pour son attitude irresponsable.

QUAND SA PENSÉE S'ÉLABORE

Pendant l'enfance, le cerveau d'un individu connaît de multiples expériences et chacune d'entre elles, qu'elle soit bonne ou mauvaise, est enregistrée. À l'adolescence, le cerveau se spécialise de plus en plus en renforçant les connexions neuronales les plus sollicitées qui correspondent aux expériences que l'enfant a le plus vécues. À l'inverse, d'autres connexions neuronales disparaissent. On parle d'« élagage synaptique ». Le cerveau d'un adolescent est alors en plein bouleversement, notamment au niveau du cerveau supérieur et du cortex préfrontal. Or c'est dans cette partie du cerveau que s'élaborent la pensée et la réflexion. Elle permet de prendre des décisions judicieuses, de raisonner avec lucidité, d'être en empathie avec l'autre... Autant de comportements qui sont parfois difficiles pour un adolescent et c'est... bien naturel.

Les adolescents sont en train de construire durablement toutes ces compétences. Ils ne manquent pas de bon sens, ils sont en train de l'acquérir pour le long terme. Alors, oui, l'adolescent n'a pas toujours un bon esprit pour analyser une situation dangereuse ; oui, l'adolescent réagit parfois violemment car il a du mal à réguler ses émotions ; et oui, l'adolescent peut avoir un sens moral qui nous échappe.

Sous prétexte que la situation est « naturelle », je dois laisser faire les choses sans rien dire ?

APPORTEZ-LUI VOTRE SOUTIEN !

Bien au contraire, votre rôle est d'accompagner votre adolescent dans cette nouvelle étape de son développement. Maintenant que vous avez conscience de ce qui se joue pour lui et des difficultés qu'il est susceptible de rencontrer, il est essentiel que vous puissiez lui apporter un soutien.

Pour commencer, vous pouvez notamment lui donner des informations précises quant à ses éventuelles prises de risque (utilisation des réseaux sociaux, alcool, conduite dangereuse...) et surtout les lui répéter. Il est aussi très important de lui signifier ce qui compte réellement à vos yeux, à l'école ou pendant ses sorties, car bien souvent les jeunes se trompent sur les priorités des adultes : « Ce qui m'importe le plus, c'est que tu rentres à la maison sans mettre ta vie en danger. Si tu as un souci pour rentrer d'une soirée, appelle-moi. » Vous pouvez aussi l'aider concrètement : en gardant votre portable allumé quand il est de sortie, en mettant des éthylotests dans sa voiture, en laissant des préservatifs dans l'armoire à pharmacie de la maison... Les adolescents font des erreurs, c'est naturel et c'est souvent riche d'enseignements. En revanche, certaines d'entre elles peuvent leur être fatales et c'est pourquoi nous devons intervenir en amont : en discutant avec eux, en anticipant les situations à risque, en les aidant à y voir plus clair, et surtout en les écoutant sans les juger.

Le point de vue de...

Manon, 28 ans

Il y a douze ans, une journée d'éducation et de sensibilisation à la sécurité routière a été organisée au sein de mon lycée. J'y suis allée par obligation parce que ça ne m'enchantait pas. Devant mon désintérêt qui devait être visible, le formateur m'a proposé de monter en tant que passagère dans la voiture crash-test. Le véhicule a été lancé contre un mur pour simuler les conséquences d'un accident. Je me souviens encore du choc et pourtant c'était il y a douze ans ! J'avais l'impression que la voiture était lancée à vive allure, au moins à 80 km/h. Quand le moniteur m'a annoncé que le véhicule ne roulait qu'à 30 km/h, j'ai ressenti un second choc. Cette journée a été une révélation pour moi. J'ai pris conscience des dangers de la route et j'ai été par la suite beaucoup plus vigilante vis-à-vis de ma conduite et de celle des autres.

ET SI...

Afin d'éviter aux enfants de se retrouver dans des situations difficilement maîtrisables dans l'urgence, il est intéressant de jouer avec eux au jeu du « Et si tu te trouvais dans cette situation, que ferais-tu ? ». Les contextes évoqués peuvent être multiples, ils dépendent de l'âge et des problématiques que l'enfant est susceptible de rencontrer, par exemple : « Et si j'étais en retard à la sortie de l'école pour venir te chercher ? », « Et si un camarade te demandait de faire quelque chose que tu savais répréhensible ? », « Et si tu te trouvais dans une soirée où un ami avait trop bu ? », « Et si un ami te demandait sur Facebook de lui envoyer des photos intimes ? ».

En anticipant les situations à risque, ou potentiellement anxiogènes, nous soutenons les enfants dans leur développement cognitif et améliorons leur réflexion.

L'enfant ne sait pas ce que l'on attend de lui

Il arrive souvent qu'un enfant adopte un comportement inapproprié tout simplement parce qu'il ne sait pas ce que l'on attend de lui. Les enfants ne sont pas des adultes en miniature, mais bel et bien des adultes en devenir. Certains comportements qui nous paraissent évidents dans certaines circonstances ne le sont pas nécessairement pour eux. Ce peut être le cas pour un enfant qui dessine sur un mur ou pour une petite fille qui a passé dix minutes à trier ses crayons alors que vous lui demandiez de ranger sa chambre.

Quand un enfant fait une erreur qui nous semble improbable, nous lui lançons généralement sur un ton de reproche : « Pourquoi as-tu fait ça ? Qu'est-ce qui t'a pris ? » Or ce type de questionnement coupe le dialogue et pousse l'enfant dans ses retranchements. Se sentant jugé et fautif, en manque d'estime de soi, il se met alors sur la défensive et peine à nous expliquer les raisons de son acte. Afin de faciliter l'échange et pour comprendre ce qui a pu motiver votre bambin, il est nécessaire de commencer la discussion autrement, notamment par le biais de questions de curiosité. Une fois que vous aurez mieux compris le déroulement des événements, vous serez plus à même de trouver des solutions pour éviter que la situation ne se reproduise.

LA QUESTION DE CURIOSITÉ

La question de curiosité nous permet d'en savoir plus sur les raisons qui ont poussé l'enfant à avoir un comportement inadapté. Elle lui montre que l'on se préoccupe de lui et que l'on cherche à comprendre les faits pour trouver des solutions adéquates.

Par exemples :

- Qu'as-tu compris de ce que je t'ai demandé ?
- Qu'as-tu voulu faire en procédant ainsi ?
- Que pensais-tu qui allait se passer ?, etc.

EXERCICE

N'Y PENSEZ PAS !

Vous voyez cette bouteille de lait ? Prenez une profonde inspiration, expirez doucement, regardez le dessin mais n'y pensez pas. Que se passe-t-il dans votre tête ?

- ❍ **A.** Je vois la bouteille de lait !
- ❍ **B.** Je vois la bouteille de lait et j'essaie mentalement de l'effacer avec un trait noir.
- ❍ **C.** Je vois la bouteille de lait et j'imagine un gros panneau STOP pour ne plus y penser.
- ❍ **D.** Je ne vois pas la bouteille de lait.

COMMENTAIRES

La plupart des adultes qui se prêtent au jeu voient l'image de la bouteille de lait s'imprimer dans leur esprit. Certains essaient de l'effacer grâce à une gomme imaginaire ou à la cacher en visualisant un trait noir ou un panneau. Notre cerveau d'adulte est mature et pourtant nous n'arrivons pas à ne pas penser à cette bouteille de lait ! Le cerveau n'est tout simplement pas fait pour comprendre les interdits. En revanche, il emmagasine très bien les phrases énoncées positivement. Ainsi, pour éviter de penser à cette bouteille de lait, la seule solution possible est d'imaginer autre chose et de se fabriquer une nouvelle représentation mentale. « Ne pensez pas à cette bouteille de lait » peut ainsi se transformer en « Pensez à une bouteille de jus de fruits ».

Cet exercice nous montre que si nous, adultes, comprenons mal les négations, il en est de même pour les enfants. Or, nous passons notre temps à en formuler : « Ne crie pas ! », « Ne bouge pas ! », « Ne tape pas ! » font ainsi partie des phrases classiques qu'entend tout jeune bambin. Et que retient le cerveau ? CRIE, BOUGE, TAPE. Tout le contraire de ce que nous voulions !

Ainsi, pour se faire mieux comprendre des enfants, il est beaucoup plus facile de leur expliquer ce qu'ils ont le droit de faire plutôt que l'inverse.

LE PARLER POSITIF

Il s'agit de transformer les ordres négatifs que nous donnons sans cesse aux enfants en phrases positives pour qu'ils comprennent mieux nos demandes :

- « Ne crie pas » devient « Chuchote » ;
- « Ne bouge pas » devient « Assieds-toi » ;
- « Ne tape pas » devient « Caresse », etc.

C'est à vous de trouver d'autres exemples :

Le point de vue de…

Raphaël, papa d'Anaïs 3 ans et de Gaspard 5 mois

J'ai assisté à une conférence où a été évoqué le parler positif. Moyennement convaincu par cet outil, j'ai quand même décidé de l'essayer avec ma fille aînée. Avant cette conférence, quand je sortais dans la rue, Anaïs courait toujours et je passais mon temps à lui crier : « Ne cours pas sur la route ! »

Puis, un jour j'ai tourné ma phrase autrement : « Marche doucement sur le trottoir. » Et là, comme par magie, Anaïs a marché avec moi sur le trottoir ! Le parler positif est un outil très simple et vraiment efficace. Je ne dis pas qu'Anaïs m'écoute tout le temps, mais en tout cas beaucoup plus qu'avant.

PROPOSEZ DES ALTERNATIVES

L'objectif n'est pas de transformer toutes nos phrases de manière positive. Cela risque en effet d'être compliqué et surtout épuisant ! L'idée est de prendre conscience que le cerveau comprend moins bien les négations et que nous passons pourtant notre temps à en dire. Pour se faire comprendre, il est donc essentiel de formuler de manière positive la majorité de nos requêtes (mais pas toutes, nous sommes bien d'accord).

Concernant un jeune enfant qui voudrait grimper sur une chaise, on peut penser à rediriger son attention en lui proposant un autre choix : « Je trouve cette chaise trop instable pour toi. En revanche, tu peux grimper en toute sécurité sur ce canapé. »

C'est la même chose pour un enfant qui dessine sur les murs : l'idée est de lui indiquer tous les supports sur lesquels il peut exercer sa créativité (les feuilles blanches, un tableau noir, une ardoise, le goudron...). On peut penser à photographier l'enfant en train de dessiner sur chacun de ces supports autorisés afin d'en faire un grand poster que l'on affichera dans sa chambre. Il pourra ainsi visualiser les endroits où il peut peindre sans risquer de nous contrarier.

L'enfant ne sait pas comment faire

Il arrive qu'un enfant ait un comportement inapproprié non pas parce qu'il n'a pas reçu l'information positive pour faire face à la situation, mais parce qu'il ne sait pas comment s'y prendre. Il manque d'expérience et a besoin de notre soutien. Ce peut être le cas d'un enfant de 4 ans à qui ses parents demandent de ranger tout seul sa chambre, ou encore à un adolescent à qui l'on ordonne de gérer son linge sans jamais lui avoir montré comment fonctionnait la machine à laver. Certaines choses nous paraissent tellement naturelles que nous avons oublié qu'il nous avait fallu les apprendre. Et là encore, nous faisons parfois fausse route sur notre manière de transmettre notre savoir-faire à notre enfant : lui montrer ne suffit pas, il est essentiel de l'engager personnellement.

« Tu me dis, j'oublie. Tu m'enseignes, je me souviens. Tu m'impliques, j'apprends. » (Benjamin Franklin)

L'APPRENTISSAGE PAS À PAS

Pour être acquis sur le long terme, un enseignement, quel qu'il soit, doit être initié étape par étape :

- étape 1 : je montre à mon enfant ;
- étape 2 : je fais avec l'aide de mon enfant ;
- étape 3 : l'enfant fait avec mon aide ;
- étape 4 : je regarde mon enfant faire ;
- étape 5 : je laisse faire mon enfant.

Chacun de ces niveaux a son importance et permet à l'enfant, acteur de la démarche, d'acquérir durablement l'enseignement. Certains stades peuvent prendre plus de temps que d'autres, tout dépend du type d'apprentissage et des demandes de l'enfant.

LE TABLEAU DE ROUTINES

Afin d'aider votre enfant à visualiser certaines habitudes que vous souhaitez qu'il prenne, vous pouvez créer avec lui un tableau de routines. Vous y recenserez ce qu'il doit faire et dans quel ordre. Pour l'enfant qui ne sait pas encore lire, insérez des images à côté des textes brefs que vous écrirez. Le mieux est encore de prendre en photo l'enfant dans chacune de ces situations. Le tableau de routines peut être réalisé pour le rituel de départ à l'école, la gestion des devoirs ou l'organisation du coucher. Vous pouvez insérer des horaires limités si nécessaire. Dans ce cas, pensez à donner à votre enfant un sablier de temps, un *timer* ou bien une horloge s'il sait l'utiliser seul.

Ma routine du soir

Je dîne

Je vais aux toilettes

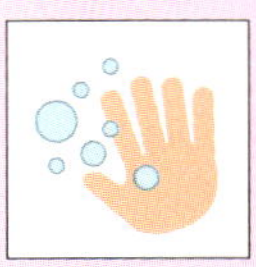

Je me lave les mains

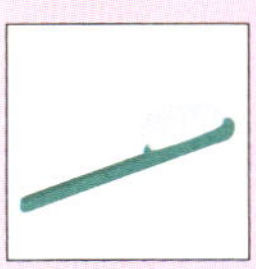

Je me brosse
les dents

Je lis une histoire
avec papa ou maman

Gros câlins

Bonne nuit !

L'enfant réagit sous l'action du stress

Abordons maintenant les comportements qu'un enfant peut avoir lorsqu'il réagit au stress. Lorsque l'enfant est sous stress, qu'il a peur ou que la situation est trop anxiogène pour lui, son cerveau sécrète du cortisol. Quand cette hormone atteint des niveaux très élevés, elle entraîne chez lui des déficits cognitifs et des troubles de la mémoire. Ce stress négatif est paralysant et ne permet en aucun cas à l'enfant de donner le meilleur de lui-même.

L'amygdale de son cerveau émotionnel peut également déclencher chez lui une réaction d'inhibition, de lutte ou d'attaque. Un enfant qui fait un caprice lorsque l'on vient le chercher à la garderie ou un adolescent qui se trouve bloqué face à un devoir peut être engagé dans un stress trop fort. Il aura alors besoin de nous pour décompresser.

LE CÂLIN

Le câlin est une arme formidable pour lutter contre le mauvais stress et les tensions accumulées tout au long de la journée. Au bout de quelques secondes de contact, l'ocytocine, appelée communément l'« hormone du bonheur » ou « hormone de l'amour », est sécrétée.

Entouré des bras d'un adulte chaleureux, l'enfant voit son rythme cardiaque ralentir et son cerveau émotionnel s'apaiser. Le stress s'en va peu à peu et l'enfant est alors plus apte à développer des comportements appropriés.

AU-DELÀ DU CAPRICE...

Les réactions agressives d'un enfant laissé trop longtemps à la crèche ou à l'école sont typiques. Les journées d'un enfant sont épuisantes nerveusement et il faut savoir en tenir compte. Les frustrations et les peines qu'il a traversées sont nombreuses. Quand le soir arrive et qu'il vous voit, il explose pour évacuer le trop-plein. Grâce à vous, la personne qui compte le plus pour lui, il peut enfin se libérer. Un câlin n'est pas une récompense accordée à un enfant qui se comporte comme on le souhaite, c'est une énergie puissante et indispensable pour aider un enfant à se sentir mieux. Un enfant au comportement inapproprié mérite encore plus qu'un autre de recevoir votre affection.

Je conçois que ce concept soit difficile à appréhender si l'on s'en tient au modèle éducatif « traditionnel » fondé sur le système des récompenses/punitions. C'est là toute la difficulté de l'éducation positive : revenir aux bases, chausser de nouvelles lunettes et voir les choses autrement. Il est nécessaire de sortir de votre conditionnement habituel pour vous poser la seule bonne question : pourquoi mon enfant fait-il ça ? Quand vous aurez la réponse, vous saurez quelle solution mettre en œuvre. Ne restez pas cantonné au seul comportement, il ne s'agit que de la partie haute de l'iceberg. Voyez plus loin.

> « Un enfant fait mieux quand il se sent mieux. »

Un autre outil peut se révéler très utile pour chasser les pressions de la journée : le jeu-chahut. Cette activité de contact, limitée dans le temps, est un moment de partage qui permettra à chacun de se décharger du stress emmagasiné. Il s'agit aussi d'un temps d'échange privilégié pour renouer le lien avec l'enfant. Dans le cadre de ce jeu, l'enfant pourra se dépenser physiquement pour détendre tout son corps. Il peut ainsi grimper, sauter, escalader... L'idée est qu'il bouge au maximum !

L'utilisation d'un minuteur est préconisée pour faciliter l'arrêt du jeu (qui peut s'avérer très épuisant pour le parent). Afin de pouvoir se dérouler dans les meilleures conditions possibles, cette activité doit être encadrée de règles strictes à mettre en place avec votre enfant. D'un point de vue personnel, j'interdis les chatouilles (elles peuvent vite devenir une torture pour celui qui les subit), j'évite les batailles de polochons (des coussins trop gros blessent le visage) et j'invite les participants à crier « Stop ! » pour demander une pause.

LE « JEU DÉCIDE »

Le « jeu décide » est un jeu-chahut impliquant un enfant et un adulte. L'adulte se positionne debout, face à l'enfant, en joignant ses mains aux siennes, et il attend les consignes dictées par l'enfant. Il adapte sa posture en fonction de la taille de l'enfant – ainsi, il est possible que l'adulte se retrouve debout mais genoux à terre. Cette activité se pratique idéalement sur un matelas ou sur un tapis confortable. L'enfant est le maître du jeu et choisit parmi trois actions possibles : pousser, tirer ou faire une pause. Pour les actions « pousser » et « tirer », l'enfant doit préciser le degré d'intensité recherché : doucement, moyen ou fort. Les deux participants exécutent l'action l'un contre l'autre – ils se poussent ou ils se tirent. L'adulte mesure et adapte sa force en fonction de celle de l'enfant. L'objectif est de laisser l'enfant gagner tout en lui apportant une résistance soutenue pour qu'il puisse se défouler. L'enfant alterne les actions comme il le souhaite.

La directive « faire une pause » permet de se reposer.

Il est essentiel de comprendre qu'un enfant qui réagit sous l'action du stress a avant tout besoin de toute notre compassion. Le raisonner est impossible. Nous verrons plus loin, dans la partie consacrée aux émotions (voir p. **108**), d'autres outils pour aider l'enfant à mieux gérer son stress.

Le point de vue de...

Simone, 60 ans, assistante maternelle

Je sais ce que le stress peut engendrer chez les tout-petits et c'est pour ça que je ne les punis jamais. Avant, j'avais même pour habitude de réparer leurs maladresses. Quand ils renversaient un verre d'eau à table, par exemple, je leur disais : « Ce n'est pas grave, Tata va tout arranger. »

Après avoir assisté à un atelier autour de l'éducation positive, je me suis rendu compte que je n'étais pas totalement dans le vrai. En ne laissant pas les enfants réparer eux-mêmes leurs erreurs, je les empêchais d'apprendre et de faire face à leurs responsabilités.

LA RÉPARATION

La réparation est un outil indispensable à mettre en place lorsque l'enfant commet une erreur. Celle-ci est une source d'apprentissage formidable pourvu qu'on laisse l'enfant la corriger. Plus l'enfant est jeune et plus la réparation est petite. Elle doit être adaptée à ses facultés.

Il ne s'agit en aucun cas de l'humilier en lui donnant une punition déguisée, mais de l'aider à se responsabiliser. Ainsi, si un enfant de 8 ans écrit sur son pupitre à l'école, on peut lui suggérer de nettoyer la table en question mais pas tous les bureaux de la classe. On peut aussi lui demander : « Que pourrais-tu faire pour corriger ton erreur ? », pour l'aider à réfléchir aux différentes solutions possibles.

L’enfant exprime un besoin

Chaque être humain est animé par des besoins qui se doivent d’être assouvis. Il s’agit de nécessités ressenties, relatives au bien-être physique ou psychique. Quand un enfant ressent un besoin, son corps, son esprit ou son cœur s’animent. Il lui manque quelque chose pour se sentir pleinement épanoui. Ne sachant comment l’exprimer, étant donné son immaturité, il développe alors un comportement dit « inapproprié ». C’est ainsi que le nourrisson pleure pour demander à manger ou solliciter le moindre soin. Cette attitude, qui peut désarmer les adultes, cessera quand le besoin de l’enfant aura été pourvu. Si l’adulte ne peut répondre au besoin de l’enfant, il est essentiel qu’il puisse au moins le reconnaître. L’enfant se sentira écouté et saura qu’une solution, même si elle n’est pas immédiate, sera apportée.

Dans les cas où l’on refuse d’accepter un besoin, l’esprit de l’enfant devient confus. Alors que son corps lui parle, l’adulte rejette le message reçu. En s’arrêtant au mauvais comportement de l’enfant sans réfléchir aux raisons qui l’animent et en le punissant, nous lui envoyons un message erroné : « Ce que tu ressens est mal, tu dois juste apprendre à agir comme je te le demande. » L’enfant finit par ne plus savoir qui croire entre son corps qui lui dicte un besoin et l’adulte. En nous faisant confiance, l’enfant n’apprend pas à écouter et à reconnaître ce qui se passe en lui. Il grandit alors en étant incapable de comprendre les besoins qui l’animent et en vivant dans une insatisfaction permanente sans savoir pourquoi. Combien d’adultes se sentent perdus dans leur vie et sont incapables de répondre à cette question simple : « Lequel de mes besoins dois-je satisfaire pour me sentir mieux ? »

Mais pour pouvoir répondre aux besoins des enfants, encore faut-il bien les reconnaître. Dans les exemples que nous avons vus, nous avons déjà présenté, sans les nommer directement, un grand nombre de besoins : l’affection, la compréhension, le défoulement… Les besoins des enfants peuvent se décliner en deux sous-groupes, physiologiques et psychologiques.

> « Répondre aux besoins de l’enfant, c’est l’aider à construire sa vie sur des bases solides. »

Les besoins physiologiques

Les besoins physiologiques sont les besoins dits « de base » nécessaires à la survie de l'homme, comme manger, dormir, boire, respirer... Pour répondre à ces besoins – sauf celui de respirer qui se fait naturellement et sans une aide extérieure – un jeune enfant aura besoin de l'aide de l'adulte.

Tous les enfants n'ont pas les mêmes besoins physiologiques et bien souvent il ne sert à rien de les comparer. Il existe des repères, des barèmes, des moyennes pour se faire une idée mais aucune directive obligatoire à suivre. Un besoin est une nécessité naturelle que l'on ne peut pas contrôler. L'observation et l'écoute de son enfant restent les meilleures ressources pour apprendre à décoder les besoins qui l'animent.

OUI, LES ADOS SONT DE GROS DORMEURS !

Beaucoup de parents d'adolescents s'interrogent à juste titre sur le rythme de sommeil de leur enfant. Dans son ouvrage *Le Cerveau adolescent*, le Dr Frances E. Jensen explique que les adolescents sont physiologiquement faits pour se coucher tard et se lever tard, comme les chouettes. Leur mélatonine – qui est l'hormone favorisant l'endormissement – est libérée deux heures plus tard que chez l'adulte. Et elle s'attarde tout autant dans leur corps le matin, d'où la difficulté à les réveiller. Avec leur cerveau en pleine restructuration, les adolescents ont également besoin, en moyenne, de deux heures de sommeil de plus que l'adulte. D'où l'impression qu'ils ont envie de dormir tout le temps ! L'idéal serait que les lycées, qui ont connaissance de ces données physiologiques, décalent leurs horaires pour une meilleure prise en charge des besoins des adolescents. En attendant que les rythmes scolaires évoluent en fonction de l'horloge biologique de nos grandes têtes blondes, vous pouvez les soutenir en les aidant à s'organiser pour se coucher à une heure correcte en semaine, en les mettant dans une ambiance apaisante et propice le soir (notamment en évitant les sujets de discorde) et en éloignant les écrans une heure avant leur coucher (la lumière bleue qu'ils produisent empêche la mélatonine d'être sécrétée). Et surtout, dès que c'est possible, en vacances ou pendant le week-end, acceptez leur rythme biologique naturel et laissez-les dormir.

Le point de vue de…

Sophie, 46 ans

Quand j'étais petite, mes parents m'appelaient toujours « Moineau » car je mangeais peu. J'ai le souvenir de mes grands-parents qui s'inquiétaient toujours pour moi et me forçaient à finir mes assiettes. Ils enviaient le petit-fils de leur voisine qui réclamait sans cesse à manger et aimait tout. À l'adolescence, j'ai eu de gros problèmes de poids. Je ne savais pas gérer la nourriture et consommais plus qu'il ne fallait. Vingt ans plus tard et accompagnée d'une diététicienne, j'ai effectué un important travail sur moi-même. Petit à petit, je me suis réappropriée mon corps et j'ai appris à écouter mes besoins. Aujourd'hui, j'ai trouvé mon poids d'équilibre et je me sens enfin bien. Je n'écoute plus les autres me dicter ce que je dois manger, je suis mon corps et je réponds simplement à mes besoins.

Il est préjudiciable de vouloir répondre de manière anarchique au besoin de manger d'un enfant. Dans le cas de Sophie, c'est la peur qui incitait ses grands-parents à la pousser à manger davantage : peur du manque, peur que Sophie ne se développe pas bien… Plus Sophie mangeait, plus ils étaient heureux. À chaque cuillère de compote avalée, ils l'applaudissaient. Petit à petit, et bien malgré eux, ils ont transformé son besoin naturel de manger en besoin émotionnel. Sophie pensait qu'elle n'était une petite fille acceptable qu'en répondant positivement à leurs sollicitations.

Manger peu ou beaucoup n'est ni bien ni mal, il s'agit juste d'un besoin naturel propre à chacun qu'il convient de respecter. Si vous faites partie des parents inquiets parce que votre enfant ne mange rien, n'hésitez pas à en parler avec un médecin. Il saura vous rassurer ou, en cas de réelle nécessité, vous conseiller sur la meilleure conduite à tenir.

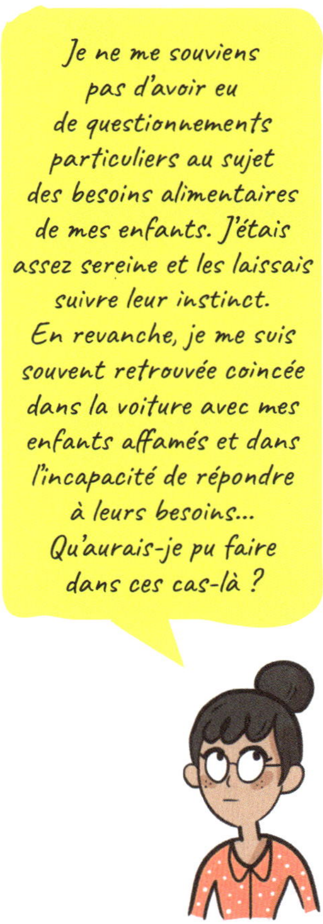

HALTE AUX FRINGALES !

Pour répondre au besoin de satiété qui peut arriver à n'importe quel moment, l'idéal est d'anticiper et d'avoir toujours sur soi quelque chose à grignoter. J'ai pour habitude de conseiller des aliments de qualité tels que des fruits frais, des fruits à coque ou des fruits secs.

Si vous n'avez rien en votre possession et que vous êtes immobilisée dans un lieu clos, notamment en voiture, l'essentiel est de valider le ressenti de votre enfant : « J'ai bien compris que tu avais faim et j'en prends bonne note. Je n'ai rien sur moi dans l'immédiat mais je te promets de faire au plus vite pour trouver une solution. » Certains parents utilisent l'imaginaire de l'enfant pour lui apprendre à patienter lors d'une fringale.

LE MANGEUR IMAGINAIRE

Quand vous ne pouvez répondre immédiatement au besoin de manger de votre enfant, vous pouvez avoir recours à l'évocation mentale. Il s'agit d'inviter votre enfant à vous décrire ce qu'il aimerait manger et de quelle manière.

Vous pouvez aussi donner votre avis et lui confier ce qui vous ferait le plus plaisir : « Alors moi, si je pouvais choisir ce que je veux, je prendrais une grande glace à la vanille avec des copeaux de chocolat noir et un maximum de crème chantilly ! » Utiliser l'imaginaire permet d'aider l'enfant à patienter jusqu'à ce que l'on puisse satisfaire sa demande. Le sentiment de faim s'atténue grâce aux images mentales.

On a longtemps considéré que le nourrisson était un simple appareil digestif et qu'il suffisait de le nourrir pour qu'il vive. Mais depuis plus de soixante ans, les chercheurs ont trouvé un autre besoin vital pour l'enfant : il s'agit de l'affection. Prendre son enfant dans les bras, interagir avec lui, lui sourire, le câliner, le caresser, le regarder tendrement sont autant de gestes qu'il est indispensable d'effectuer pour son bien-être. Les carences affectives sont en effet très dommageables pour le développement du bébé.

Dans chaque acte, aussi banal soit-il, que nous réalisons avec le bébé, il est donc essentiel d'y mettre de l'affection. Nourrir son enfant d'amour permet de l'aider à se développer, ce qui confirme que le câlin n'est pas une récompense mais bel et bien une énergie indispensable au bon développement de l'enfant.

Dans les années 1950, John Bowlby (1907-1990), pédiatre et psychanalyste anglais, célèbre pour sa théorie sur l'**attachement**, a montré que nourrir son enfant, le changer ou le soigner n'était pas suffisant si ces gestes n'étaient pas accompagnés d'une certaine dose d'attention. Il a ensuite soutenu que le besoin d'amour l'emportait sur d'autres besoins, comme boire ou manger.

LA THÉORIE DE L'ATTACHEMENT

Chaque enfant a besoin d'un adulte, dit « de référence », avec qui il développe une forte relation d'attachement. Il s'agit généralement de sa mère, voire de son père. La figure d'attachement principale de l'enfant est la personne qui prend le plus souvent soin de lui de façon continue et cohérente et grâce à qui l'enfant peut développer un sentiment social et émotionnel optimal. L'enfant a besoin d'avoir une figure d'attachement principale pour savoir vers qui se tourner en cas de danger – il s'agit d'un instinct de survie. L'enfant peut également avoir des figures d'attachement secondaires – il s'agit d'autres adultes en qui il a confiance et qui s'occupent de lui régulièrement (la nourrice, les grands-parents...). L'attachement chez les êtres humains se met en place petit à petit, essentiellement au cours de la petite enfance. Ce lien est essentiel pour répondre au besoin de sécurité de l'enfant. Pour développer sa théorie de l'attachement, John Bowlby (1907-1990) s'est largement inspiré des travaux de l'éthologue autrichien Konrad Lorenz (1903-1989). Dans les années 1930, ce chercheur a observé de nombreux volatiles, essentiellement des oies, et a montré que la première personne que les oisons découvraient en sortant de leur coquille devenait leur figure d'attachement principale. Il a nommé ce phénomène l'« empreinte ». Ainsi, en se montrant avant leur mère naturelle, Konrad Lorenz devenait le référent des oisons qui le suivaient partout, et ce même si leur mère naturelle finissait par se montrer. Konrad Lorenz a obtenu le prix Nobel de médecine en 1973 pour l'ensemble de ses découvertes sur les comportements individuels et sociaux.

Pour développer un sentiment d'attachement dit « sécure », il est indispensable de répondre de manière adéquate aux besoins de l'enfant. En agissant ainsi, l'adulte permet à l'enfant de développer un sentiment de sécurité qui l'autorisera à s'ouvrir au monde extérieur en toute sérénité. L'enfant aura non seulement confiance en la vie, mais aussi en lui, grâce à son autonomie. Enfin, en sachant systématiquement vers qui se retourner en cas de stress, il saura mieux gérer ses émotions et retrouver rapidement un sentiment d'apaisement.
Sachez que le processus d'attachement, même s'il se met en place durant la petite enfance, peut évoluer au cours du temps. La rencontre avec un nouvel adulte « sécure » pourra stabiliser un attachement dit « insécure ». Il n'est donc jamais trop tard pour bien faire...

> “ L'attachement, un lien essentiel pour permettre à l'enfant de vivre une vie d'adulte la plus sereine possible. ”

BON À SAVOIR

LE SYNDROME D'HOSPITALISME

René Arpad Spitz (1887-1974), psychiatre et psychanalyste américain d'origine hongroise, a décrit dès 1945 ce phénomène de régression mentale de l'enfant correspondant à une carence affective dont peuvent souffrir les jeunes enfants séparés brusquement ou longtemps de leurs parents. Les cas les plus graves du syndrome d'hospitalisme ont notamment été découverts en Roumanie, dans les orphelinats, après la chute du mur de Berlin en 1989. Le président roumain de l'époque, Nicolae Ceausescu, avait développé une politique ultra-nataliste et imposait à chaque famille d'avoir au moins quatre enfants. Les parents, n'arrivant pas à subvenir aux besoins de leurs enfants, les abandonnaient dans les nombreux orphelinats du pays. Plusieurs centaines de milliers d'enfants auraient ainsi été placés. Les soins prodigués dans ces structures se limitaient à apporter à boire et à manger aux enfants et à leur offrir un lit pour dormir. Lorsque ces orphelinats ont été découverts, de nombreux enfants y étaient morts et les autres y vivaient en grande détresse. Tous présentaient un retard dans leur développement psychomoteur, une fragilité physique et des troubles du comportement allant de crises d'humeur à un repliement autistique.

QUIZ

COMMENT EST VOTRE ENFANT QUAND...

Répondez aux questions suivantes en choisissant la réponse A, B ou C qui se rapproche le plus de votre ressenti personnel. Le principe est d'observer votre enfant lorsque l'un de ses deux besoins primaires (manger et dormir) n'est pas assouvi et de réfléchir aux réactions qui en découlent (les siennes et les vôtres).

1. Comment est votre enfant quand il est fatigué ? (*Cochez une ou plusieurs réponses*)

- ❍ A. Joyeux
- ❍ B. Odieux
- ❍ C. Agaçant

2. Que faites-vous pour remédier à la situation ?

- ❍ A. Je le tiens éveillé le plus longtemps possible.
- ❍ B. Je me sauve en courant.
- ❍ C. Je le couche.

3. Comment est votre enfant quand il a faim ?

- ❍ A. Plein d'énergie
- ❍ B. Épuisant
- ❍ C. Épuisé

4. Que faites-vous pour remédier à la situation ?

- ❍ A. Je lui suggère d'aller se coucher.
- ❍ B. Je me sauve en courant.
- ❍ C. Je lui propose quelque chose à manger.

RÉSULTATS

Majorité de réponses A : Vous avez beaucoup de chance, votre enfant fait partie d'une nouvelle espèce d'êtres vivants non encore référencée qui, en présence de besoins physiologiques inassouvis, semblent très épanouis. Votre enfant aime avoir faim et ne craint pas le manque de sommeil. Profitez de cet état d'esprit extrêmement positif et ne changez rien.

Majorité de réponses B : Vous êtes parent d'un enfant classique qui, en plus d'être fatigué, est fatigant quand il a sommeil. Si vous avez quelqu'un pour prendre le relais et s'occuper de votre chérubin dans une telle situation, la fuite me semble être une bonne solution. Dans le cas contraire, reportez-vous à mes conseils sur l'écoute et la satisfaction des besoins.

Majorité de réponses C : Votre enfant réagit de manière naturelle. L'un de ses besoins physiologiques (faim ou sommeil) n'est pas comblé et son comportement « difficile » en est le résultat. La meilleure façon d'y faire face, et que vous semblez bien maîtriser, est de répondre positivement à ses demandes.

COMMENTAIRES

Généralement, lorsqu'un enfant est fatigué ou qu'il a faim, son comportement agace son entourage. Il saute partout, crie, pleure, parle d'un ton plaintif, gémit... Bref, il est casse-pieds ! En tant que parent, vous savez rapidement ce qui se passe pour votre enfant et reconnaissez ses besoins physiologiques. En regardant votre enfant s'agiter, vous n'imaginez pas une seule seconde qu'il est mauvais et qu'il faut le punir pour qu'il se comporte différemment. Vous avez compris qu'il a des besoins vitaux urgents à satisfaire pour être mieux. Après s'être rassasié ou avoir fait une sieste, votre enfant aura un comportement nettement plus acceptable au sein du groupe.

Il en va de même pour les autres besoins psychologiques. Ils ne sont pas vitaux mais sont indispensables au plein épanouissement de l'enfant. Et là encore, rien ne sert de sévir pour améliorer son comportement, il faut juste trouver ses besoins et y répondre. Pour découvrir le besoin qui se rapporte au comportement inapproprié de votre enfant, il n'y a hélas aucune recette magique. Il faut juste l'observer, tester certaines réponses et juger du résultat. Il est aussi utile de savoir que plusieurs besoins peuvent se télescoper (physiologiques et/ou psychologiques). Oui, ce n'est pas évident, mais personne n'a jamais dit qu'être parent était facile...

Les besoins psychologiques

Les besoins psychologiques sont nombreux et ne peuvent être recensés ici dans leur intégralité. Nous évoquerons trois besoins qui concernent les enfants dès leur plus jeune âge : le besoin d'autonomie, le besoin d'appartenance et le besoin de sens.

Le besoin d'autonomie

Le nourrisson est totalement dépendant de l'adulte. Il ne peut subvenir seul à ses besoins et nécessite une constante attention. Mais, très rapidement (et plus vite qu'on ne le croit !), il voudra agir seul. Votre rôle en tant qu'adulte est de satisfaire son besoin d'autonomie, en proposant autour de lui un cadre sécurisé dans lequel il pourra évoluer librement.

LES CHOIX ENCADRÉS

Selon les situations, il n'est pas toujours possible d'accéder à la demande du tout-petit qui se voit déjà très grand et veut tout faire et tout décider seul. Néanmoins, et afin de l'aider à développer le sentiment d'autonomie dont il a tant besoin, vous pouvez avoir recours aux choix encadrés. Il s'agit de propositions qui vous satisfont (installation du cadre sécurisé) et parmi lesquelles l'enfant choisira ce qui lui convient le mieux (liberté). Pour les plus jeunes enfants, le choix doit se restreindre à deux ou trois propositions pour éviter un surplus de stimulations. On parle alors de choix limités, par exemple : « Ce matin, tu veux mettre ton manteau rouge ou ta parka bleue ? » Plus l'enfant grandit et plus l'éventail des choix doit s'élargir.

Répondre au besoin d'autonomie de l'enfant, c'est aussi et avant tout accéder à sa demande « Aide-moi à faire seul », souvent citée par Maria Montessori. Cette pédagogue mettait un point d'honneur à ce que l'environnement proposé à l'enfant soit cohérent avec son besoin d'autonomie. En se mettant littéralement à la hauteur de l'enfant, vous pourrez voir ce qui aide ou au contraire rend difficile son accès à l'indépendance.

Le point de vue de...

Valérie, maman de Kévin et de Marlon, jumeaux de 3 ans

C'est en lisant l'ouvrage de Jeannette Toulemonde Le Quotidien avec mon enfant *que je me suis rendu compte à quel point mon logement n'était pas pratique pour mes enfants. Mes garçons, alors âgés de 18 mois, étaient très désireux de tout faire seuls mais la maison leur rendait la tâche impossible... Comment se nettoyer seul les mains quand le robinet est bien trop haut pour être atteint ? Comment jouer calmement dans sa chambre au réveil quand on ne sait pas sortir sans aide de son lit ?... En un week-end, j'ai réaménagé la maison pour l'adapter à mes enfants. J'ai commencé par ôter les barreaux de leurs lits pour installer de simples matelas par terre, selon les conseils de Maria Montessori. J'ai aussi fixé un lavabo portatif sur ma baignoire et rangé différemment leurs jouets. Tous ces petits aménagements ont changé ma vie mais surtout la leur ! Leurs progrès en autonomie ont été fulgurants.*

BON À SAVOIR

L'ENFANT AU CŒUR DES APPRENTISSAGES

Dans son ouvrage *Le Quotidien avec mon enfant*, Jeannette Toulemonde s'adresse aux parents séduits par les idées de Maria Montessori et désireux de mettre en place, chez eux, dans la vie quotidienne de leur enfant, ces principes éducatifs. L'auteure nous explique comment adapter notre habitation pour favoriser l'autonomie de nos jeunes enfants. Chaque pièce de la maison est examinée, avec des exemples et des dessins pour mieux comprendre les aménagements proposés. Jeannette Toulemonde, maman de sept enfants, a toujours été convaincue par la pensée et les réalisations de Maria Montessori. Elle a fondé le magazine *L'Enfant et la Vie* en 1969 et le centre Nascita Montessori du Nord dont la mission est de soutenir les parents et de les éclairer sur les besoins des enfants.

UN ENVIRONNEMENT ADAPTÉ

Adapter l'environnement à l'enfant, c'est lui donner la possibilité d'agir le plus librement possible, en évitant d'être secouru par l'adulte, mais en toute sécurité. Des idées très simples et peu coûteuses peuvent être mises en œuvre pour les jeunes enfants, comme l'installation à leur hauteur de patères pour suspendre leurs vêtements, la mise en place de marchepieds pour accéder aux robinets, ou encore la présence de miroirs à leur hauteur pour se voir intégralement. Si l'enfant veut mettre la table, il doit pouvoir aller chercher les assiettes et les couverts grâce à des tiroirs facilement accessibles. Dans la chambre, le mobilier doit être adapté à sa taille. Il peut être utile d'identifier les contenants des tiroirs et des placards par le biais d'images ou de photos.

Pour répondre aux besoins d'autonomie d'un enfant, il est essentiel de prendre en considération ses forces et ses faiblesses. Notre rôle en tant qu'adulte est de veiller à ce que ses demandes soient réalisables.

Il peut arriver qu'un enfant réclame une indépendance à laquelle ses capacités physiques ou psychologiques ne lui permettent pas d'accéder. Ce peut être le cas d'un enfant de 4 ans qui veut porter un sac bien trop lourd ou d'un adolescent qui pense qu'il peut subvenir à l'intégralité de ses besoins. Le parent doit savoir tenir son rôle de guide qui adapte sa démarche en fonction du développement de l'enfant. L'objectif n'est pas de mettre l'enfant face à un défi qu'il est incapable de relever, mais plutôt de lui donner la possibilité d'y arriver petit à petit. Il doit aussi pouvoir apprendre de ses erreurs et ne pas en avoir peur.

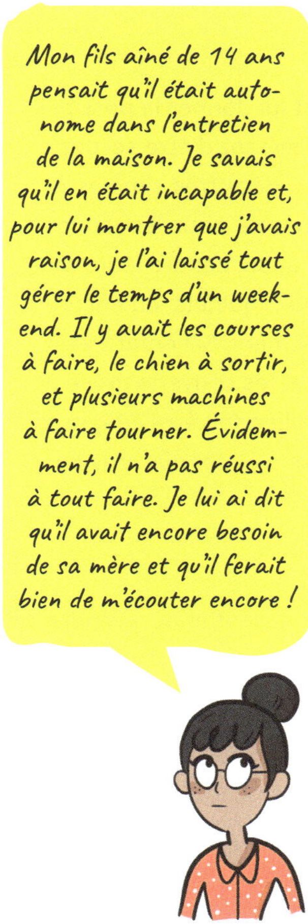

L'AUTONOMIE, PETIT À PETIT...

Les adolescents, comme les jeunes enfants, peuvent préjuger de leurs facultés, c'est tout à fait naturel. Notre rôle n'est pas de leur donner des objectifs impossibles à atteindre mais plutôt de les encourager à gravir les marches étape par étape. Nous devons tenir notre rôle de guide et ne pas nous transformer en professeur donneur de leçons. Les phrases comme « Je te l'avais dit » ou « La prochaine fois tu m'écouteras » stoppent net leur désir d'autonomie. Elles disent à l'enfant qu'il n'est pas capable de faire sans nous. Au fil du temps, l'enfant peut perdre toute la confiance et l'estime qu'il s'accordait. Il finira par ne plus oser affronter de nouveaux défis et manquera de persévérance. Il aura sans cesse la crainte d'échouer et la peur de vous décevoir.

Concernant votre fils et son désir d'indépendance, pensez à lui confier des missions de plus en plus importantes en fonction de ses réussites : faire la liste des courses seul, s'occuper du chien tout un week-end... mais petit à petit. N'hésitez pas à l'encourager à se porter volontaire pour effectuer quelques menus travaux chez les voisins (tonte de la pelouse, gardiennage d'animaux...). Acquérir une certaine indépendance financière est un premier pas essentiel pour les adolescents.

BON À SAVOIR

LES PARENTS HÉLICOPTÈRES

Ce terme utilisé au Canada et aux États-Unis désigne les adultes qui volent au secours de leur enfant à la moindre difficulté. Il s'agit de parents qui anticipent les situations problématiques pour éviter à leur bambin d'être confronté à l'échec ou de ressentir la frustration. Ces adultes ultra-protecteurs entretiennent une relation fusionnelle avec leur enfant. Hélas, à trop vouloir les protéger de tous les maux extérieurs et à devancer leurs moindres attentes, ils inhibent leur besoin d'autonomie. L'enfant finit par ne plus vouloir prendre aucune initiative. Il n'apprend pas à développer des stratégies pour arriver à ses fins et sollicite régulièrement l'aide des adultes.

Aider un enfant à prendre de l'autonomie n'est pas une chose si évidente... Il faut en effet suivre son développement en réfléchissant à ce qu'il est capable de faire seul et en lui apportant une aide dans le cas contraire. Donald Winnicott (1896-1971), pédiatre, psychiatre et psychanalyste britannique, parlait de « mère suffisamment bonne ». Nous devons trouver la juste distance : ni trop près ni trop loin, à mi-chemin entre le parent hélicoptère et le parent professeur. Devenons un parent guide qui saura être présent ou s'effacer à bon escient, un mentor qui augmentera le champ des libertés octroyées à l'enfant au rythme de son évolution.

Le besoin d'appartenance, le besoin de contribution

À partir du moment où une personne évolue dans un groupe (en famille, à la crèche, à l'école, au travail...), elle éprouve un fort besoin d'appartenance. Le psychiatre autrichien Alfred Adler décrivait ce phénomène comme essentiel à tout être social. Et cette nécessité d'appartenir à la communauté est directement liée au besoin de contribution. Ainsi, pour obtenir sa place et exister aux yeux de tous, chacun doit avoir un rôle à jouer et des missions à accomplir, et ce dès l'enfance.

PAS TOUJOURS FACILE DE TROUVER SA PLACE...

Tel un acteur en quête de gloire, votre fils s'est créé un personnage au sein de sa classe. Le problème, c'est qu'il porte maintenant l'étiquette du perturbateur. Il est toujours plus intéressant pour un enfant d'avoir un mauvais rôle à jouer que pas de rôle du tout. Il convient de redonner à votre enfant la juste place qu'il mérite en lui trouvant une fonction plus positive. En partant de ses qualités, son maître pourrait lui confier des missions valorisantes pour lui permettre de quitter cette image d'agitateur qui lui colle à la peau. Il est également important de faire attention à la manière de vous adresser à votre fils s'il a eu un comportement déplacé. Il faut critiquer l'acte en lui-même et non pas votre fils directement. Le psychosociologue Jacques Salomé parle du « Tu qui tue ». Votre fils doit comprendre que si son attitude est répréhensible (« Ce que tu as fait est mal »), elle ne le caractérise pas tout entier et il lui est possible de s'en éloigner. Il doit reprendre confiance en lui et se débarrasser de l'idée qu'il ne mérite qu'une place de provocateur au sein de l'école.

« Un enfant préférera toujours que les adultes aient une piètre opinion de lui plutôt que pas d'opinion du tout. Être puni est plus tolérable qu'être inexistant. »

LA VALORISATION

Nous pensons toujours à sermonner nos enfants quand ils ont des comportements difficiles. En revanche, nous oublions facilement de les encourager lorsqu'ils agissent à bon escient. La valorisation est extrêmement importante pour développer le sentiment d'appartenance positif chez l'enfant, d'autant plus si celui-ci s'est enfermé dans un rôle considéré comme négatif. L'idée est de repérer les compétences de l'enfant ainsi que toutes ses attitudes positives. Le moindre détail peut être important. Il est ensuite essentiel de faire vos observations à votre enfant pour l'aider à évoluer dans ce sens : « Merci de m'avoir laissé téléphoner dans le calme », « Ton sourire et ta bonne humeur ont beaucoup apporté à cette soirée », « Voilà deux jours que tu reviens sans punitions, je constate que tu fais beaucoup d'efforts »... Autant de petites phrases qu'il est bon de lui dire pour lui apprendre à faire mieux.

Le point de vue de...

Arnaud, 35 ans, éducateur pour adolescents

Dans le cadre de mon métier, je vois régulièrement des jeunes en manque d'estime de soi. Ils ont une image de sales gosses qui leur colle à la peau depuis des années. Peu à peu, j'essaie de leur montrer qu'ils peuvent avoir d'autres rôles à jouer. Quand j'encadre un groupe régulier et que chacun a appris à se connaître, je propose un jeu que j'ai appelé « Les étiquettes positives ». Pour chaque enfant, je prends un poster et je colle sa photo au milieu. Chaque jeune du groupe est invité à trouver une qualité qu'il apprécie chez chacun des autres ados. Je leur demande de noter cette compétence sur un post-it. Ça va de « Il me fait rire » à « On peut compter sur lui », en passant par « C'est le roi des dribbles au foot »... J'écris moi-même des commentaires gratifiants pour chacun. J'offre ensuite aux jeunes les posters remplis d'étiquettes positives. C'est amusant de voir à quel point ils sont étonnés de découvrir ce que les autres voient en eux... de positif !

Chacun de nous, et un enfant encore plus, a besoin de se sentir reconnu dans ce qu'il apporte au reste du groupe. À l'école ou à la maison, il est essentiel de pouvoir disposer de moments où chacun expose les qualités ou les compétences qu'il a pu observer chez les autres. Au même titre que la valorisation, ce type d'activité dont parle Arnaud permet à chacun d'augmenter son estime de soi. Il en va de même pour un autre outil : l'encouragement.

L'ENCOURAGEMENT

Encourager son enfant, c'est lui donner de l'énergie pour qu'il arrive seul à ses fins. C'est lui montrer qu'il est capable de réussir en s'appuyant sur ses compétences et en développant tout son potentiel.

Des phrases comme...

« Merci pour ton aide », « Bravo pour tes efforts »

« Tu peux être fier de ton parcours/de tes réussites »

« Regarde les progrès que tu as accomplis !»

poussent l'enfant à vouloir faire mieux, non pas pour faire plaisir à ses parents mais pour lui-même. Quand l'adulte encourage, il ne juge pas l'enfant ni ne l'évalue, mais observe simplement la situation et le chemin parcouru par l'enfant.

BON À SAVOIR

ENCOURAGEMENT *VS* RÉPRESSION

Theo Schoenaker est un psychologue et conférencier d'origine hollandaise qui s'inscrit dans la lignée de la psychologie individuelle d'Alfred Adler et de Rudolf Dreikurs. Ayant écrit de nombreux ouvrages sur la thématique de l'encouragement, il évoque des essais scientifiques menés dans une classe de CP. À cet âge-là, les élèves ont du mal à rester immobiles longtemps sur leur chaise et bougent beaucoup. Il a été demandé aux enseignants de différentes classes d'encourager leurs élèves lorsque ceux-ci restaient assis longtemps au lieu de les réprimander lorsqu'ils se levaient. En moyenne, les enfants se levaient deux fois moins dans la classe où les encouragements avaient remplacé les critiques.

Une fois l'enfant valorisé et encouragé, il est également primordial de veiller à ce qu'il puisse participer à la vie sociale du groupe dont il fait partie. En effet, le besoin d'appartenance est directement lié au besoin de contribution.

LES PETITES CONTRIBUTIONS

Que ce soit à l'école ou dans le cadre familial, il est essentiel que les enfants s'impliquent régulièrement dans la vie du groupe. Ce peut être en participant aux tâches ménagères ou en proposant un de ses savoirs (savoir-être, savoir-faire...). La motivation doit être intrinsèque et non extrinsèque. L'enfant doit contribuer car il en ressent l'utilité et en retire une satisfaction personnelle. Il ne s'agit en aucun cas de récompenser l'enfant pour sa participation, mais bel et bien de lui montrer que ce qu'il apporte a de la valeur pour la bonne cohésion du groupe. Un enfant peut ainsi proposer ses talents de DJ pour animer une soirée familiale tandis qu'un autre préférera préparer des cookies pour le plus grand plaisir des convives.

Le point de vue de...

Christelle, 55 ans, professeure des écoles en CE2

Depuis plus de vingt ans, je donne des missions à chacun de mes élèves : écrire la date au tableau, distribuer les cahiers, nourrir le hamster de la classe, arroser les plantes... À la rentrée, je propose à chacun de me lister des missions qui pourraient être utiles pour la classe et auxquelles je n'aurais pas pensé. C'est ainsi que, cette année, j'ai un enfant qui présente un bulletin météo tous les matins ! Généralement une mission dure une semaine et les rôles tournent en fonction des envies de chacun. Les enfants prennent leur fonction très à cœur et je pense sincèrement que cela joue sur l'entente entre les élèves et l'insertion de chacun.

Le besoin de sens et de compréhension

Comprendre pourquoi on fait les choses et dans quel but est capital pour tout individu. Il s'agit d'une information indispensable qui permet à chacun d'avancer plus rapidement vers des objectifs clairement définis. Le besoin de sens est l'une des nécessités qui préoccupent beaucoup l'enfant, d'où sa recherche incessante de réponses aux multiples questions qu'il se pose.

LE DROIT À L'INFORMATION

Quand vous ordonnez quelque chose à votre enfant ou que vous insistez sur une valeur à lui transmettre, il est important de lui expliquer les raisons qui vous poussent à agir ainsi. Votre enfant a besoin de comprendre ce qui vous anime pour répondre à vos attentes. Vous devez lui donner des informations sincères et objectives. Parfois, vos renseignements peuvent lui sembler confus et il sera nécessaire de vous tourner vers un expert qui saura lui fournir des explications argumentées. Ce peut être le cas d'une petite fille qui refuse de se laver les dents et qui, après un passage chez le dentiste, a compris la nécessité de ce geste quotidien.

APPRENDRE À MIEUX COMMUNIQUER

Lorsque l'on interroge des adolescents sur les priorités de leurs parents, la majorité pense que seuls les résultats scolaires leur importent. Très peu imaginent que leurs parents s'inquiètent de leur bien-être et de leur épanouissement personnel. Pour les adultes, les notes signifient bien plus qu'un résultat, au-delà se cachent d'autres finalités. Vous pensez peut-être vous-même que si vos enfants obtiennent de bons résultats à l'école, ils réussiront plus facilement leur vie d'adulte et seront plus heureux. Les notes peuvent rapidement devenir obsessionnelles pour certains parents sans qu'ils s'en rendent compte. Ils ont besoin d'être rassurés sur le futur professionnel de leur progéniture. Ils oublient au passage que réfléchir à comment *gagner sa vie* est finalement beaucoup moins essentiel que de *vivre sa vie*. Les enfants, et particulièrement les adolescents, nous comprennent mal car ils s'attachent davantage aux faits et à la perception qu'ils en ont. Bien souvent, ils se méprennent sur nos intentions réelles. Il est essentiel d'apprendre à mieux communiquer avec eux, notamment en leur parlant des objectifs de vie que vous souhaitez les aider à développer. Enfin, n'hésitez pas à les interroger sur leurs envies, leurs passions, leurs rêves les plus fous ! Ils auront tout le temps de vous parler de l'école après...

LES ACTIONS DE MES ENVIES

Lorsque vous échangez avec votre enfant sur ses désirs d'adulte, notamment d'un point de vue professionnel, demandez-lui de choisir trois ou quatre verbes qui l'inspirent plutôt que le métier qu'il désire faire. Il est en effet très pertinent de s'interroger sur les domaines qui l'intéressent plutôt que de le laisser s'enfermer dans un seul type d'emploi possible, ce qui peut être anxiogène en cas d'échec. Voici quelques suggestions de verbes qui vont vous aider à préciser quel type de vie professionnelle (et non quel métier) lui conviendrait :

TRANSMETTRE • SOUTENIR • IMAGINER • CRÉER • INVENTER • FAIRE RIRE • CONSEILLER • ÉCOUTER • SE SURPASSER • ÊTRE EN CONTACT AVEC LA NATURE • AIDER • RÉPARER • AMÉLIORER • CONSTRUIRE • SOIGNER...

Un jeune qui aime CRÉER peut se retrouver dans des métiers aussi différents que chef pâtissier, ingénieur ou concepteur de jeux vidéo, d'où l'idée de trouver deux ou trois autres verbes pour préciser davantage ses domaines de prédilection. Il est important de garder à l'esprit qu'au vu des envies de votre enfant, de nombreuses voies s'offrent à lui.

VALIDER UNE DEMANDE

Quand vous discutez avec votre enfant et que vous lui soumettez une requête, il est important de vérifier sa compréhension par quelques questions : « Comment comprends-tu ma demande ? », « Pourrais-tu me dire ce que tu as retenu ? », « Où crois-tu que soit l'essentiel pour moi quand je te demande ça ? ». En lui demandant ainsi de reformuler vos propos, vous pourrez vérifier qu'il a bien compris le sens de votre requête.

> On obtient bien plus des enfants
> en les encourageant qu'en les brimant.

COMPRENDRE LES ÉMOTIONS

Les émotions ont longtemps fait peur aux adultes, probablement parce que l'on connaissait mal leur mécanisme et, comme toute chose méconnue, elles inspiraient la méfiance. Or, comme les besoins, les émotions ne sont ni bonnes ni mauvaises, il s'agit simplement de messages envoyés par notre corps en réponse à un stimulus extérieur.

À l'instar des besoins, il est primordial de savoir accueillir les émotions. Si l'émotion est niée, l'enfant reste bloqué et son corps en garde une tension. Avant de pouvoir traduire les sensations corporelles d'un enfant, il faut tout d'abord développer un vocabulaire affectif adéquat et suffisamment riche. Bien souvent, les enfants s'agacent de nos questionnements car nous ne disposons pas des bons mots pour exprimer leurs ressentis.

BON À SAVOIR

LE MÉCANISME D'UNE ÉMOTION

Une émotion se décompose en quatre étapes successives.

1) Tout d'abord apparaît un élément extérieur que nous ne maîtrisons pas et qui provoque en nous une charge. Il peut s'agir d'un conflit avec une amie, d'une voiture qui fonce droit sur nous, d'un chien qui aboie ou encore de l'arrivée d'un courrier très attendu.

2) Notre corps réagit alors à ce stimulus et nous ressentons physiquement l'émotion passer en nous : il s'agit de la période de tension. Nous pouvons ainsi observer notre pouls s'accélérer ou au contraire ralentir, avoir mal au ventre ou constater une raideur dans notre nuque.

3) La troisième étape, appelée « décharge », est notre réaction face à l'émotion : on peut crier, taper, hurler, sauter ou tout simplement dire ce que l'on ressent.

4) Enfin, le dernier stade est la phase de récupération. Les tensions s'estompent et on peut être amené à pleurer, à rire, à trembler ou à bâiller.

RÉFLEXION PERSONNELLE

QUE DITES-VOUS QUAND... ?

La première des choses à faire lorsque l'on apprend à accueillir les émotions des enfants (ou celles des adultes) est d'essayer de poser les bons mots sur les maux. Ce postulat de départ à priori simple n'est finalement pas souvent appliqué dans notre vie quotidienne. Lorsque l'on analyse les phrases que nous disons aux enfants en proie à certaines émotions fortes comme la colère ou la tristesse, on se rend vite compte que l'on fuit le sentiment qui l'anime, qu'on le rejette, que l'on le juge ou qu'on tente de le changer.

1. Que dites-vous à un garçonnet de 2 ans qui pleure après avoir fait une petite chute au parc ?

- ❍ **A.** « Tu es un grand maintenant. Tu ne vas pas pleurer pour une petite chute. Ce sont les bébés qui pleurent. »
- ❍ **B.** « Ce n'est rien, ne pleure pas, ça va passer, tout va bien. Je suis là. »
- ❍ **C.** « Ouille, ça a l'air de faire mal ! »

2. Que dites-vous à un enfant de 5 ans qui s'énerve après avoir perdu à un jeu ?

- ❍ **A**. « Si c'est comme ça, la prochaine fois, je ne jouerai plus avec toi ! »
- ❍ **B.** « Tu es vraiment mauvais joueur. »
- ❍ **C.** « Eh bien, dis donc, j'ai l'impression que ta colère masque beaucoup de peine. Tu as l'air d'être très déçu d'avoir perdu. »

3. Que dites-vous à une petite fille de 2 ans qui se met en colère puis pleure, faute d'avoir pu obtenir le jouet qu'elle désirait tant au supermarché ?

- ❍ **A.** « Bon d'accord, tu as gagné, je vais t'acheter ce que tu veux, calme-toi ! Mais je te préviens, c'est la dernière fois que je cède à un de tes caprices ! »
- ❍ **B.** « Tout le monde te regarde ! T'es pas belle quand tu pleures ! »
- ❍ **C.** « Je comprends que tu sois contrariée que je ne puisse pas t'acheter ce jouet qui te plaît tant. Voudrais-tu que je le prenne en photo pour le mettre dans ton cahier des envies ? »

4. Que dites-vous à un garçon de 6 ans qui ne veut pas partager son camion avec un autre enfant ?

- ❍ **A.** « Lâche ce camion, tu dois apprendre à partager. »
- ❍ **B.** « Tu m'agaces ! Si tu ne veux pas prêter tes jouets, je n'inviterai plus de copains à la maison. »
- ❍ **C.** « Je me demande si tu as peur que ton ami ne te rende pas ton camion ? »

5. Que dites-vous à une petite fille de 10 ans qui pleure après s'être disputée avec une amie ?

- ❍ **A.** « C'est normal, les disputes entre copines. Ça ne sert à rien de pleurer. »
- ❍ **B.** « Tu pleures pour ça ? Tu en verras d'autres dans la vie ! Il y a des choses bien plus graves. »
- ❍ **C.** « Tu veux que je m'assoie près de toi quand tu pleures ? »

COMMENTAIRES

- **Relisez maintenant l'intégralité des propositions A et B à haute voix**, les unes à la suite des autres, comme si ces phrases vous étaient personnellement adressées. Pourriez-vous définir votre ressenti principal à l'aide d'un seul adjectif : compris, écouté, aimé, coupable, nul, encouragé, incompris, faible, inexistant, mauvais... ?

Je me sens... : ....

- **Relisez maintenant l'intégralité des propositions C à haute voix**, les unes à la suite des autres, comme si ces phrases vous étaient personnellement adressées. Pourriez-vous définir votre ressenti principal à l'aide d'un seul adjectif : compris, écouté, aimé, coupable, nul, encouragé, incompris, faible, inexistant, mauvais... ?

Je me sens : ....

Les phrases B et C sont les réponses les plus classiques que nous livrons aux enfants quand ils sont en proie à des émotions fortes. Nous nous offusquons de leur colère, nous nous impatientons de leurs pleurs et tentons par tous les moyens de les stopper dans ces énergies que nous jugeons négatives. Nous pouvons même nous agacer de leurs joies extrêmes. Hélas, en agissant ainsi, nous nous éloignons des compétences que nous souhaitons leur transmettre. Nous mettons un couvercle sur ce qu'ils ressentent comme si leurs émotions étaient une casserole de lait bouillant qu'il fallait contenir. Nous ne les écoutons pas ou, pire, nous les rendons coupables de ce qu'ils éprouvent naturellement. Lorsqu'ils entendent de tels discours, ils peuvent se sentir diminués, incompris, blessés ou encore non entendus.

Les phrases C sont des réponses types d'accueil des émotions où l'adulte tente de mettre des mots justes sur les ressentis de l'enfant. Il ne juge pas ce qui se passe en lui, n'essaie pas de le conseiller ou de le consoler, mais juste de comprendre ce qui l'anime. Généralement, lorsque les enfants entendent de telles paroles, ils se sentent écoutés, compris, aimés ou soutenus.

METTRE DES MOTS SUR LES MAUX

Accueillir une émotion, c'est apprendre à l'accepter et à poser des mots justes pour la reconnaître (il s'agit juste de pouvoir dire des phrases comme celles de type C proposées dans l'activité précédente). L'adulte doit essayer de comprendre ce qui se passe dans le corps de l'enfant en lui suggérant des sentiments. L'objectif est que l'enfant, en grandissant, puisse exprimer seul ce qu'il ressent. L'accueil des émotions est la première étape avant d'apprendre à pouvoir les gérer.

L'HORLOGE DES ÉMOTIONS

L'horloge des émotions est un exercice destiné à enrichir votre vocabulaire affectif. Il faut commencer par dessiner un rond séparé en quatre parties égales, à l'aide de deux diamètres qui se coupent perpendiculairement. Dans chaque partie, vous inscrirez l'une des quatre émotions de base, à savoir : la peur, la tristesse, la joie et la colère. Pour chacune de ces émotions, vous devrez trouver et écrire au moins 10 adjectifs. Vous les trouverez facilement en répondant successivement aux quatre questions suivantes :

1. Comment vous sentez-vous lorsque vous avez peur ? ....

....

....

2. Comment vous sentez-vous lorsque vous êtes triste ? ....

....

....

3. Comment vous sentez-vous lorsque vous êtes joyeux ? ....

....

....

4. Comment vous sentez-vous lorsque vous êtes en colère ? ....

....

....

L'idéal est de remplir une horloge des émotions par personne pour pouvoir ensuite en établir un pour toute la famille, en réunissant l'ensemble des adjectifs trouvés (vous pouvez découper le schéma qui se trouve à la fin de cet ouvrage, p. 155).

Il est amusant de voir que certains qualificatifs peuvent parfois se retrouver dans deux émotions distinctes. Ainsi, vous pouvez vous sentir déçu quand vous êtes triste ou quand vous êtes en colère. Le premier ressenti est le même et pourtant l'émotion finale est différente. En développant un vocabulaire affectif élargi, vous pourrez plus facilement décrire les émotions qui vous animent ou celles de votre enfant et améliorer ainsi la qualité de votre communication et donc de votre relation.

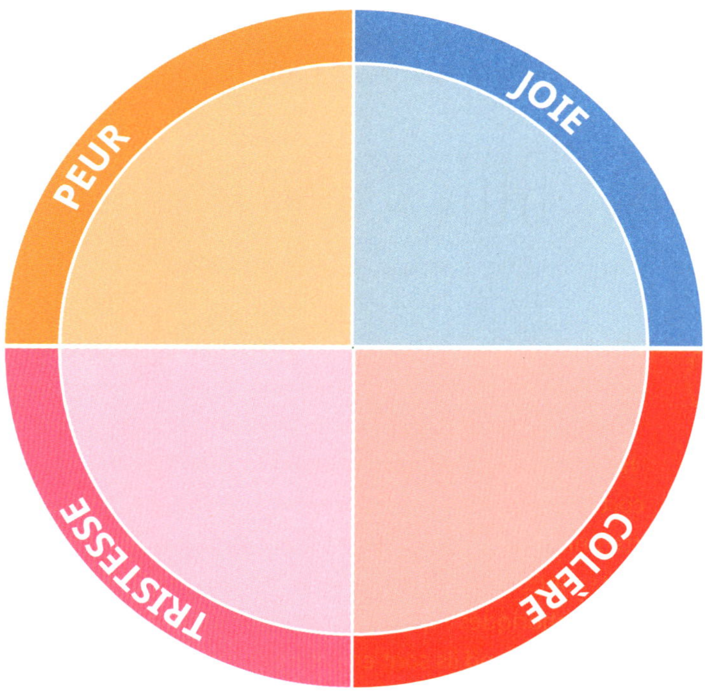

Le point de vue de…

Chloé, 5 ans

Ma sœur et moi, on a parfois ce que maman appelle de « fausses colères ». En fait, on est tristes, mais on ne le dit pas tout de suite. Alors on s'énerve, on crie, et puis quand on a fini, on pleure. Ça va beaucoup mieux ensuite et on peut retourner jouer.

En effet, certaines colères sont dites « fausses » quand elles cachent en réalité une profonde tristesse. On parle alors d'« émotion écran ». Les sentiments ressentis par l'enfant peuvent se retrouver dans le vocabulaire affectif de la colère et de la tristesse simultanément. C'est en observant l'enfant et la situation que vous pourrez comprendre ce qui l'anime réellement. Dans le cadre d'une fausse colère, il est important que l'enfant puisse pleurer à la fin pour se décharger complètement de sa peine qui, elle, est vraie.

Bon à savoir

Des émotions décuplées

Chez les jeunes enfants, les connexions entre ce que l'on appelle le « cerveau d'en bas » (qui contient notamment l'amygdale, siège des émotions fortes et des réactions en cas de stress) et le « cerveau d'en haut » (qui contient notamment le cortex préfrontal) sont en pleine formation. Or le cortex préfrontal est l'endroit où s'élaborent notre pensée et notre raisonnement. Cette immaturité cérébrale explique pourquoi les enfants, et particulièrement les plus petits, sont souvent en proie à des émotions fortes. Ainsi, quand ils sont heureux ils sont euphoriques ; quand ils ont peur ils sont tétanisés ; quand ils sont tristes ils sont dévastés ; et quand ils sont en colère ils ont envie de tout détruire sur leur passage ! Pour un enfant de 4 ans, savoir gérer correctement ses émotions et savoir se maîtriser est donc physiologiquement impossible.

TOUTES LES ÉMOTIONS, OUI ; TOUTES LES RÉACTIONS, NON !

Accepter une émotion ne signifie pas qu'il faille tolérer toutes les réactions. Un enfant a tout à fait le droit d'éprouver de la colère, en revanche il n'est pas acceptable qu'il tape quelqu'un pour évacuer la tension. Votre rôle est de valider l'émotion ressentie par l'enfant, mais aussi de le rediriger vers une autre solution pour se décharger. « Je comprends que tu sois en colère, mais je ne veux pas que tu blesses ton frère. Nous allons chercher un autre moyen pour évacuer ta tension. »

Il existe de nombreuses astuces pour se délester d'une colère : crier dehors ou contre un oreiller, taper du pied très fort, aller courir, frapper dans un punching-ball, faire des gribouillis sur une feuille et la mettre en boule, déchirer un papier en mille morceaux, malaxer une balle antistress, ou encore faire un jeu-chahut. Il s'agit de pouvoir discuter avec votre enfant, en amont, pour trouver les solutions qui lui conviennent le mieux.

Toutes les émotions sont légitimes, les comportements ne sont pas tous acceptables. (Haim Ginott)

Accueillir les émotions de l'enfant, c'est aussi savoir parfois se mettre à ses côtés et l'écouter. Cet exercice semble facile, et pourtant peu d'adultes ont appris à pratiquer une « vraie » écoute, une « écoute empathique ».

L'ÉCOUTE EMPATHIQUE

Pour pratiquer l'écoute empathique, il est indispensable d'être pleinement disponible (temps + énergie). Si vous ne disposez que de quelques minutes ou si vous êtes trop fatigué, mieux vaut être honnête et différer ce moment.

Avant de commencer, il peut être utile d'établir un lien avec l'enfant, en se mettant à sa hauteur ou par le biais d'un contact physique. Il faut aussi synchroniser le ton de sa voix avec celle de l'écouté pour se mettre au diapason. L'enfant doit sentir dans vos yeux qu'il est important et que vous souhaitez réellement entendre ce qu'il a à vous dire. Votre écoute doit être sans jugements ni arrière-pensées. Il s'agit de comprendre les sentiments qui l'animent en le laissant aller au bout de sa réflexion, sans faire de lien avec vos propres expériences de vie. L'enfant doit pouvoir vider son sac sans crainte d'être comparé, jugé ou critiqué. Vous pouvez reformuler ses propos pour l'aider à clarifier la situation si un point vous échappe.

Attention toutefois à ne pas le couper en pleine réflexion. N'ayez pas peur des silences qui permettent à l'enfant de réfléchir à ce qu'il ressent vraiment au fond de lui. Si un problème se pose à l'enfant, l'idéal est qu'il puisse le résoudre seul. Vous pouvez le guider en le questionnant sur ce qu'il en pense. Il doit comprendre qu'il a toutes les ressources en lui pour trouver la solution dont il a besoin.

S'ÉCOUTER POUR MIEUX APPRENDRE À ÉCOUTER LES AUTRES

Tous les outils relatifs à l'éducation positive peuvent sembler difficiles à appréhender, d'autant plus si vous ne les avez jamais pratiqués auparavant. Il ne faut pas oublier qu'être parent est un défi de tous les jours. Le travail sur les émotions est l'un des plus douloureux car il nous met en face de nos propres blessures d'enfant. Il est possible qu'écouter vos enfants pleurer soit éprouvant pour vous tout simplement car vous n'avez jamais été écoutée dans cette émotion quand vous étiez vous-même enfant. Pour pratiquer l'éducation positive, il est nécessaire de faire quelques retours en arrière pour renouer avec votre enfant intérieur et vérifier que ses besoins ont été pris en considération. Nous verrons dans la dernière partie ce qui pourrait vous aider à y voir plus clair.

« Il est très difficile de donner à ses enfants
quelque chose que l'on n'a soi-même jamais reçu.
En prendre conscience est le premier pas pour mieux y arriver. »

Blessures d'enfance

Remise en question

Soutien

3

J'approfondis l'éducation positive

Égoïsme bienveillant

Petits plaisirs

Bonheurs

Famille

Inspiration

Gratitude

Vivre l'instant présent

L’ENFANT INTÉRIEUR

Ne vous êtes-vous jamais demandé pourquoi certaines réactions de vos enfants vous sont si difficiles à supporter ? Pourquoi vous avez du mal à supporter leurs pleurs, leurs colères, leurs peurs ou, à l’inverse, leurs joies ? N’avez-vous jamais été tenté de réfléchir à l’éducation que vous aviez reçue en repensant aux réactions que vos parents avaient face à ces mêmes émotions que vous éprouviez étant enfant ? N’avez-vous jamais eu l’impression que votre enfant vous « cherchait » et qu’il avait le don pour appuyer encore et toujours là où ça fait mal ?

Les enfants sont de véritables éponges émotionnelles qui captent, de manière inconsciente, les moindres troubles des adultes. Mais s’ils vous « cherchent », c’est finalement pour votre bien. Ils vous aident à vous interroger sur vos **blessures d’enfance**. Ils vous poussent à écouter ce petit enfant intérieur qui sommeille en vous et qui cherche du **soutien**.

Se rendre compte des injustices que vous avez vécues en tant qu’enfant est une étape indispensable pour devenir le parent que vous souhaitez réellement être. Certains adultes pensent que leurs blessures sont réparées, mais bien souvent il n’en est rien. Le pansement qu’ils ont mis dessus ne cache plus rien et mérite d’être changé. La plaie qui s’y cache se doit d’être examinée et nettoyée. Si les maux étaient si bien soignés, appuyer dessus ne leur ferait plus aucun mal.

Lorsque l’on devient parent et que l’on souhaite se diriger vers l’éducation positive, les doutes et les **remises en question** sont permanents et évoluent en même temps que l’enfant grandit.

Si le travail sur soi avec un thérapeute vous semble peu importun, trop onéreux, ou vous effraie, vous pouvez déjà commencer à renouer avec vos émotions au travers de lectures. Les ouvrages d’Alice Miller sont des références en la matière.

Le point de vue de...

Annabella, maman d'Adèle, 4 ans

J'ai participé un jour à un atelier sur la gestion des colères des enfants. Ne supportant pas les crises de ma fille, je voulais repartir avec des outils pour mieux gérer le quotidien avec elle. En travaillant avec l'animatrice sur mes propres besoins, j'ai eu comme un flash. Je me suis rendu compte que, petite fille, je n'avais jamais eu le droit d'être en colère. Ma mère s'énervait contre moi et me disait que c'était mal, ou pire, que j'étais une méchante petite fille. Je me suis remémoré des souvenirs d'enfance et j'ai ressenti une immense douleur que j'avais jusque-là bien enfouie au fond de moi. J'ai dû prendre quinze jours de congés tellement ces révélations m'ont bouleversée. J'ai compris qu'avant d'aider ma fille à gérer ses crises, il fallait d'abord que je m'aide moi-même.

J'ai entrepris une thérapie pour m'alléger du poids de quarante ans de colères accumulées. Maintenant je ressens beaucoup moins de tensions. Petit à petit, je me libère le corps, le cœur et l'esprit. Et depuis, étonnamment, ma fille fait moins de crises. C'est comme si, inconsciemment, elle avait réussi sa mission : m'aider à panser mes vieilles blessures.

EXERCICE

L'ÊTRE À MOI-MÊME

L'un des premiers exercices de reconnaissance des souffrances de votre enfant intérieur est d'écrire une lettre à l'attention de vos parents en vous replongeant dans vos souvenirs. Ce courrier ne leur sera jamais transmis. Il n'a pas non plus vocation à être lu par qui que ce soit d'autre que vous. Il s'agit d'un exercice intime qui ne concerne que vous et l'enfant blessé qui sommeille en vous. L'objectif est de vous remémorer certains moments difficiles où vous ne vous êtes pas senti écouté ou soutenu.

• **Revivez ces passages de votre vie et expliquez pourquoi la situation que vous avez vécue n'a pas été juste**. Décrivez ce que vous auriez aimé vivre ou entendre et obtenez ainsi réparation sur tout ce qui vous a peiné, brusqué ou meurtri.

• **La lettre doit commencer par** « **Ma chère maman et/ou mon cher papa** ». Vous n'êtes pas obligé de vous relire et vous pouvez écrire cette lettre de manière totalement décousue, que ce soit à la main ou par ordinateur. Peu importe le style, la démarche est de vous laisser guider par votre instinct et de parler de tout ce dont vous avez envie.

COMMENTAIRES

Cette missive peut être très longue à écrire. Peut-être vous faudra-t-il plusieurs jours, plusieurs semaines, voire plusieurs mois... Peut-être l'écrirez-vous par petits bouts ou pendant de longues heures sans vous arrêter. Prenez le temps qu'il vous faudra en allant puiser dans vos souvenirs toutes les situations qui vous ont fait du mal. Une fois que vous pensez avoir terminé d'écrire cette lettre, déchirez-la en mille morceaux ou brûlez-la. Laissez partir ce qui vous a tant fait souffrir. Ensuite, en fonction de vos douleurs ou souvenirs passés, un travail de fond avec un psychothérapeute pourra vous aider à vous libérer de maux beaucoup trop lourds à porter. L'objectif de cette lettre est d'aller chercher votre enfant intérieur blessé, de le prendre par la main pour lui redonner le sourire. L'adulte que vous êtes aujourd'hui peut le protéger et lui reconnaître son statut de victime. Certaines situations qu'il a vécues n'étaient pas justes et n'auraient pas dû exister.

LA RECONNAISSANCE DU STATUT DE VICTIME AVANT TOUTE RÉSILIENCE

Vos parents ne seront pas directement accusés puisque vous ne leur donnerez jamais cette lettre. Il s'agit d'un travail personnel destiné à renouer et à faire la paix avec votre enfant intérieur qui ne se sent pas reconnu à sa juste valeur. Peut-être n'avez-vous pas été maltraitée au sens où vous l'entendez mais avez-vous *toujours* été bien traitée *? Avez-vous toujours* été entendue et reconnue dans vos besoins ? Vos parents ont-ils *toujours* eu les *réactions* adéquates *à votre égard* ? Vous êtes-vous *toujours* sentie soutenue et encouragée à chaque fois que vous en ressentiez la nécessité ? Aviez-vous *toujours* le droit d'exprimer votre colère ou vos pleurs en toute sécurité et sans crainte d'*être jugée* ou critiquée *? Si vous avez répondu négativement* à l'une de ces questions alors oui, le terme *« victime »* est adapté et vous avez le droit de reconnaître ce statut à votre enfant intérieur. Il mérite et a besoin d'entendre que certaines choses n'ont pas été justes. Une victime est une personne qui a subi un dommage, un abus ou un préjudice moral, et c'est le cas de la plupart des enfants. Il n'existe pas de parents parfaits. Chaque adulte, en éduquant ses enfants, commet des erreurs et chaque enfant devenu grand a le droit de les reconnaître. Vivre dans le déni nous bloque dans notre passé et nous empêche d'exister pleinement dans nos relations avec les autres, et particulièrement avec nos enfants. S'en libérer peut s'avérer difficile et conflictuel au départ, mais salutaire pour la suite.

BON À SAVOIR

LES SOUVENIRS REFOULÉS

Certaines personnes affirment n'avoir aucun souvenir de leur enfance. Elles ont vécu de tels traumatismes que, pour se protéger, leur cerveau les a cachés là où elles-mêmes ne sauraient les retrouver. Dans le cadre de souvenirs réprimés intenses, le recours à un professionnel semble inévitable pour aider à s'en émanciper. L'hypnose et l'EMDR sont des thérapies qui peuvent permettre aux souvenirs de revenir vers la conscience de l'adulte pour être ensuite retravaillés. L'EMDR (*eye movement desensitization and reprocesing* ou « mouvement des yeux, désensibilisation et retraitement de l'information ») est une thérapie comportementale et cognitive mise au point par la psychologue américaine Francine Shapiro à la fin des années 1980. Cette approche utilise la stimulation sensorielle du corps pour provoquer une résolution rapide des symptômes en rapport avec un traumatisme passé. Vous pouvez trouver de plus amples informations sur cette pratique, reconnue par l'OMS, sur www.emdr-france.org

> « L'enfant vous cherche pour mieux vous aider à vous retrouver. »

LE SOUTIEN ENTRE ADULTES

Être parent est un rôle extrêmement difficile. Les enfants évoluant sans cesse, leurs besoins changent et nous devons apprendre à nous adapter constamment. En suivant leurs pas, nous essayons de les comprendre, de les guider au mieux pendant qu'ils grandissent, d'être un modèle d'**inspiration**. Parfois nous excellons dans notre fonction, parfois nous échouons lamentablement. Le soutien entre pairs est indispensable pour puiser en nous les ressources nécessaires pour apprendre à rebondir. Il est aussi utile de voir que la vie des autres parents est comparable à la nôtre : totalement imparfaite et imprévisible.

Nous rencontrons *tous* des problèmes difficiles à surmonter, nous avons *tous* des coups de blues qui nous donnent l'envie de partir sur une île déserte. Nous avons aussi *tous* besoin d'être reconnus dans la tâche difficile qui nous incombe. Être parent est une aventure merveilleuse, un bonheur incommensurable, mais c'est aussi une mission de vie périlleuse et énergivore. Le soutien entre adultes peut commencer par un groupe de parole autour d'une thématique donnée (les devoirs, la précocité, les crises de colère, le sommeil...). Vous pouvez aussi vouloir discuter de vos soucis quotidiens : dans ce cas, un café parents vous satisfera davantage. Il existe de plus en plus d'associations, voire de municipalités, qui organisent ce type de rencontres. Enfin, si vous souhaitez approfondir davantage l'éducation positive et comprendre concrètement comment la mettre en place avec les enfants, il peut s'avérer utile de participer à des ateliers de parents. Il s'agit généralement de cycles composés de plusieurs séances où vous retrouverez le même groupe d'adultes (entre 6 et 12 personnes en moyenne). Encadré par un animateur professionnel, vous recevrez un enseignement théorique et pratique. Selon les ateliers, vous pratiquerez des jeux de rôles, des activités ludiques et de nombreux temps d'échange. Vous aborderez différentes notions comme les besoins, l'écoute, les émotions ou encore les conflits. Tous ces ateliers se déroulent dans une ambiance de bienveillance et de respect d'autrui – l'animateur respecte la confidentialité et le non-jugement. En voici quelques-uns.

> « Le parent parfait chez qui tout va bien tout le temps est une image de papier glacé de magazine, il n'existe pas. »

BON À SAVOIR

LA DISCIPLINE POSITIVE

Cet atelier se compose d'un cycle de sept séances de deux heures fondé sur le livre *La Discipline positive* de Jane Nelsen. Accompagnée de Lynn Lott, thérapeute familiale américaine, cette psychologue américaine reprend les travaux des deux psychiatres autrichiens Alfred Adler et Rudolf Dreikurs. Les ateliers sont proposés par des formateurs en discipline positive formés par des membres de l'Association discipline positive France (ADPF) directement rattachée à l'association américaine. Quelques thèmes abordés : la bienveillance et la fermeté, les conflits dans la fratrie, les résolutions de problèmes en famille, ou encore l'encouragement.

Livre de référence : *La Discipline positive* de Jane Nelsen

www.disciplinepositive.fr

BON À SAVOIR

LES ATELIERS GORDON

Ils comprennent deux modules répartis sur quatre journées pour apprendre à mieux communiquer en famille. Ces ateliers ont été créés par Thomas Gordon (1918-2002), psychologue américain, qui s'inscrit dans la lignée de la psychologie humaniste de Carl Rogers dont il a été l'élève. Il est l'auteur de nombreux best-sellers autour de la communication adulte-enfant. Lors de ces deux modules, les participants abordent l'écoute active, l'expression authentique ou encore la résolution de conflits.

Livre de référence : *Parents efficaces* de Thomas Gordon

www.ateliergordon.com

BON À SAVOIR

VIVRE ET GRANDIR ENSEMBLE©

C'est un cycle composé de huit séances de deux heures et demie créé par Catherine Dumonteil-Kremer. Il est proposé par des animatrices formées au coaching parental par Catherine Dumonteil-Kremer elle-même. Lors de ces ateliers, vous pratiquerez des temps d'échange en groupe ou par deux et réaliserez des activités ludiques de réflexion personnelle. L'écoute, les besoins physiologiques, les limites ou encore les crises de colère font partie des thèmes abordés lors des séances.

Livre de référence : *Élever son enfant autrement* de Catherine Dumonteil-Kremer
www.parentalitecreative.com

Pour découvrir les ateliers qui correspondent le mieux à vos besoins, l'idéal est d'aller assister à une conférence de présentation ou d'échanger directement avec l'animateur. Il est important que vous vous retrouviez dans un groupe où les méthodes d'apprentissage vous conviennent, dans lequel les thématiques abordées vous interpellent et avec un formateur qui vous met en confiance.

PRENDRE SOIN DE SOI

La **famille** peut s'apparenter à une maison : alors que les enfants représentent les étages, les parents, eux, en sont les fondations. Quand les adultes vont bien, la structure du logement est stabilisée : la maison est solide et robuste. Lorsque les parents vont mal, tout s'effondre. Lorsque l'on s'occupe d'enfants, la priorité est de prendre soin de soi. Tel un marathonien qui se prépare pour une course pendant des mois, voire des années, un parent doit pouvoir s'occuper de lui avant d'affronter les défis qui l'attendent. Il s'agit d'**égoïsme bienveillant**. Les enfants font mieux quand ils se sentent mieux. Il en va de même pour les parents.

> « L'égoïsme bienveillant, c'est savoir prendre soin de soi pour mieux prendre soin des autres. »

EXERCICE

MA BULLE D'AIR

Voici votre bulle d'air, celle qui vous permettra de vous oxygéner avant de vous retrouver face aux multiples défis qui vous attendent (vous pouvez aussi découper celle qui se trouve à la fin de cet ouvrage, p. 155).

• **Remplissez votre bulle d'air en notant au moins 10 choses simples que vous adorez faire.** Il s'agit d'activités que vous pouvez réaliser sans vos enfants : seul, en couple ou entre amis (lire, prendre un bain chaud, faire une balade en forêt, aller courir, dîner au restaurant, prendre une tasse de thé, discuter avec une amie, jouer au football, discuter avec les collègues devant la machine à café, écouter de la musique, méditer...). N'hésitez pas à prendre des crayons ou des feutres de couleurs différentes pour rendre votre bulle d'air plus joyeuse.

• **Quand vous aurez fini de remplir votre bulle d'air, découpez-la et mettez-la bien en évidence chez vous** (collez-la sur votre frigo, sur un miroir, dans l'entrée, dans votre bureau...). Dans une journée, il est essentiel que vous ayez pu pratiquer une ou plusieurs de ces activités auxquelles vous venez de réfléchir.

• **Pensez également à dessiner une petite bulle d'air sur votre agenda ou sur une feuille blanche chaque matin**, et remplissez-la au fur et à mesure de la journée avec toutes les activités que vous aurez pratiquées et qui vous auront aidé à vous ressourcer.

COMMENTAIRES

Plus les difficultés que vous rencontrez avec vos enfants seront nombreuses, plus vous aurez besoin d'avoir une bulle d'air du jour suffisamment remplie. Une bulle d'air bien pleine vous permettra d'avoir la force et l'énergie suffisantes pour affronter les défis éducatifs qui vous attendent avec vos enfants. *A contrario*, si votre bulle d'air est vide, il vous sera difficile, voire impossible, d'être le parent que vous souhaitez être. On fait *bien* lorsque l'on se sent *bien*. Vous pouvez également suggérer à votre conjoint(e) et à vos enfants de fabriquer leur propre bulle d'air. Il est très important que chacun apprenne à prendre soin de lui, dès le plus jeune âge. Vous pouvez tous afficher votre bulle d'air personnelle sur le réfrigérateur familial pour vous rappeler que la priorité est vraiment là.

Le point de vue de...

Solange, 50 ans

Moi, j'adore prendre une bonne tasse de thé seule et au calme. Que je sois au bureau ou à la maison, je m'accorde toujours ce moment de détente. Ainsi, dans mon agenda professionnel et en fonction de mes rendez-vous, je me réserve quotidiennement quinze minutes. J'ai choisi de rendre ce moment de détente encore plus agréable en m'offrant une jolie boîte dans laquelle je range un grand nombre de sachets de thé différents. Je me suis aussi acheté plusieurs mugs colorés et j'ai rangé l'ensemble sur une belle étagère. Chaque jour, je prends le temps de choisir la tasse et le thé qui me conviennent le plus en fonction de mon humeur. Ce n'est pas grand-chose et pourtant ça m'apporte beaucoup !

Le point de vue de...

Rémi et Marine, parents de Léo 7 ans, de Sophie 5 ans et de Coralie 1 an

Nous avons participé à des ateliers de parents qui se déroulaient le lundi soir. Pour nous organiser, nous avons donc dû prendre une baby-sitter pour s'occuper de nos enfants. Quand la formation s'est terminée (après sept semaines), nous avons choisi de continuer à garder notre baby-sitter pour nous offrir une soirée en amoureux. Ainsi, tous les lundis soir, et ce depuis un an maintenant, nous sortons en couple pour prendre soin de nous. En fonction de nos envies et de la météo, nous optons pour un restaurant, une séance de cinéma, une balade, un bon café dans une brasserie, ou simplement un temps d'échange, mais uniquement à deux et en dehors de la maison.

PRENEZ LE TEMPS DE PLANIFIER

L'idée de la bulle d'air est de trouver des activités simples et peu onéreuses. Méditer, discuter avec une amie, lire un bon livre sont des moments de détente qui ne coûtent rien, excepté un peu de temps. Pour le temps, c'est à vous de choisir. Quel est votre objectif dans la vie ? Que voulez-vous retenir de votre existence lorsque vous mourrez ? Qu'est-ce qui est si important pour que vous couriez sans cesse ?

Prendre une pause, ralentir, hiérarchiser ses priorités permet d'aller ensuite plus vite vers l'essentiel. Posez-vous les bonnes questions et n'oubliez jamais que c'est *votre* vie. Personne ne pourra gérer vos priorités à votre place. Rien n'est obligatoire, tout est une question de choix personnels. Concernant les activités plus onéreuses, telles qu'une sortie au cinéma, un restaurant ou encore un week-end détente, à vous de définir ce qu'il vous est possible de faire et à quelle fréquence. Bloquez ensuite cet argent sur un compte spécial et préparez en avance ces sorties plus exceptionnelles. Vous ressentirez de la joie non seulement le jour J, mais aussi lors de chaque étape de vos préparatifs.

BON À SAVOIR

BOUGEZ-VOUS !

Selon une étude américaine de l'université de Princeton, faire de l'exercice permettrait d'être davantage armé pour faire face aux problématiques quotidiennes. Lorsque l'on pratique une activité sportive, les tensions dans le corps se déchargent et le stress diminue.
Pendant que le corps travaille, la tête se met au repos et recharge ses batteries. L'idéal serait de pratiquer au moins une demi-heure de marche rapide ou de jogging tous les jours.

Pour rendre votre bulle d'air encore plus oxygénante, vous pouvez, à l'image de Solange, vous offrir des **petits plaisirs** en plus.
Ainsi, si vous adorez prendre un bain, achetez-vous des savons parfumés ou des galets effervescents. Si vous aimez écouter de la musique, faites une compilation de vos chansons préférées et écoutez-les tous les jours à plein volume chez vous ou dans votre voiture. Si vous adorez les restaurants, dressez une liste de tous ceux que vous aimeriez essayer dans l'année, définissez un budget et programmez des dates en amont.
Quand on s'occupe de soi, il est beaucoup plus facile de prendre du recul face aux situations compliquées. On arrive également plus rapidement à y voir clair et à dégager l'essentiel du problème pour trouver des solutions adéquates. Sans égoïsme bienveillant le moindre souci se dresse devant nous telle une montagne infranchissable.

LE BONHEUR EN FAMILLE, ÇA SE CULTIVE...

Il n'existe pas un grand bonheur qui nous attendrait au bout de notre chemin de parent, mais plutôt de nombreux instants de félicité tout au long de notre parcours. Le bonheur en famille se construit jour après jour, dans chaque petit détail de la vie. Il est parfois si proche de nous qu'on ne le voit même plus. Prendre le temps d'observer son enfant jouer, s'attarder sur l'éclat de rire d'un bébé sont autant de petits **bonheurs** dont il faut savoir saisir l'instant. Plus vous vous concentrerez sur les forces et la beauté de votre famille, plus vous les rendrez réelles et puissantes.

L'un des premiers outils à utiliser quotidiennement et qui peut vous aider à mieux vivre positivement en famille s'appelle la **gratitude**. Il s'agit de dire merci aux autres ou à la vie, en étant attentif aux moindres détails qui ont contribué à embellir votre journée.

LE VASE DES MERCIS

Pour réaliser le « Vase des mercis », il vous faudra acheter un grand pot transparent, en verre ou en plastique, autour duquel vous collerez une étiquette personnalisée intitulée le « vase des mercis ». Cette étiquette est à réaliser vous-même, en famille. Ce peut être une affiche fabriquée avec un dessin d'enfant ou encore des lettres découpées dans un magazine. Chaque soir, l'ensemble des membres de la famille sera invité à adresser un mot de reconnaissance. Il s'agit de réfléchir à une personne ou une chose qui vous a aidé à améliorer votre journée : « Merci à mon amie Virginie d'avoir pris le temps de m'écouter aujourd'hui », « Merci pour cette belle journée ensoleillée qui m'a permis de faire une promenade en forêt », « Merci à maman de m'avoir organisé un si bel anniversaire », « Merci à cet inconnu dans le bus qui m'a laissé sa place »... L'idéal est de noter ces phrases de remerciement sur des morceaux de papier colorés, puis de les rouler avant de les glisser dans le pot. (Vous pouvez aussi découper les « mercis » qui se trouvent à la fin de cet ouvrage, p. 157). L'objectif est d'apprendre à apprécier les petits détails de la vie qui construisent le bonheur de chacun. En cas de coup de blues, vous pouvez piocher au hasard un « merci » pour revivre un souvenir heureux. Laissez ce pot dans votre cuisine, à la vue de tous, pour le voir se remplir au fil de l'année.

BON À SAVOIR

LE CAHIER DE GRATITUDE

Le psychologue américain Marshall Rosenberg (1934-2015), créateur du processus de communication appelé « communication non violente » (CNV), fondée sur le décodage des besoins, accordait une grande importance à la gratitude. Il conseillait aux participants de ses formations d'avoir un cahier de gratitude personnel dans lequel inscrire quotidiennement trois « mercis » distincts qu'il symbolisait à l'aide de dessins (un cœur, une fleur, un soleil) :

- « Merci à l'autre/aux autres. »
- « Merci à la vie, la nature, l'univers… »
- « Merci à moi… »

Il souhaitait que chacun s'émerveille de ses besoins nourris et pense à les célébrer jour après jour pour en prendre réellement conscience.

RÉFLEXION PERSONNELLE

MES SOUVENIRS D'ANTAN

Pensez à un adulte qui a beaucoup compté dans votre enfance (votre mère, votre père, votre grand-mère, votre grand-père, un ami de la famille, un enseignant...). Replongez-vous dans vos souvenirs pour retrouver des moments de bonheur vécus avec cette personne. Prenez autant de temps qu'il le faudra. Cherchez toutes les petites choses qui, dans ses attitudes, ont pu vous apporter du soutien, du réconfort, de la sérénité ou encore du plaisir.

• **Que faisiez-vous avec cet adulte qui vous rendait si paisible ou si heureux ?** À l'aide de courtes phrases, notez ci-dessous les souvenirs qui vous reviennent à l'esprit *(nous jouions aux cartes, nous faisions la cuisine, nous partions camper, il prenait le temps de m'écouter, il ne me jugeait pas...).*

....

....

....

....

....

....

....

....

COMMENTAIRES

Toutes ces réminiscences qui vous réchauffent le cœur quand vous y pensez vous ont nourri et ont fait de vous l'adulte que vous êtes aujourd'hui. L'essentiel à vivre avec votre enfant est écrit ici, noir sur blanc. Donnez-vous le temps de réaliser avec lui ce qui vous rendait tellement heureux dans votre jeunesse. En matière d'éducation, les priorités sont là, et nulle part ailleurs...

LA RÉUNION DE FAMILLE

La « réunion de famille » est un temps privilégié à partager entre tous les membres de la maison, qui se veut régulier et programmé à l'avance, en fonction des disponibilités de chacun. Elle peut s'organiser autour d'un bon repas, dans une ambiance festive et conviviale.

Ce temps débute toujours par un « tour de célébrations » où chacun remercie ou encourage les autres membres de sa famille pour une action réalisée. Vient ensuite le moment d'évoquer une problématique du groupe, dans l'objectif de démarrer une recherche de solutions collective : si aucun questionnement n'est à l'ordre du jour, la réunion de famille peut s'orienter vers un événement futur à organiser (une sortie en famille, les prochaines vacances, le projet professionnel d'un enfant...). Ce temps d'échange permet à chacun de trouver sa juste place en lien avec le reste du groupe.

Le point de vue de...

Tristan, 17 ans

Je regrette que mes parents n'aient jamais eu l'idée d'instaurer des « réunions de famille ». Je pense que ça nous aurait rapprochés et aurait permis à chacun de nous, enfants et adultes, d'apprendre à mieux nous écouter. Je suis l'aîné de cinq enfants et il n'est pas toujours facile de se faire entendre, et encore moins de se faire comprendre.

Le point de vue de...

Gaëlle, maman de Lou 4 ans, d'Ivan 3 ans, et belle-maman de Maélie 14 ans

J'ai commencé à instaurer les « réunions de famille » il y a plus de deux ans maintenant. Au départ, je voulais les organiser une semaine sur deux et durant le week-end, quand ma belle-fille était chez sa mère. J'avais peur qu'elle n'adhère pas au projet et qu'elle reste dans son coin. Après réflexion, je me suis dit qu'il était essentiel qu'elle soit présente à ces réunions. Elle avait encore plus besoin que mes enfants de trouver sa place chez nous. À mon grand étonnement, Maélie a accepté de jouer le jeu. Et quand mes enfants ont célébré le fait qu'elle soit leur « vraie grande sœur pour toute la vie », un sourire s'est dessiné sur ses lèvres. Je crois sincèrement que ces rendez-vous ont contribué à une meilleure ambiance au sein de notre famille recomposée. Quand Maélie part en vacances chez sa mère plus de quinze jours, nous organisons une réunion de famille virtuelle avec elle via *un serveur Internet.*

En repensant à l'éducation donnée à mes enfants, je me mets à regretter certaines choses. Je me dis que si j'avais eu accès à certaines informations avant, notamment sur leur développement, j'aurais fait autrement. Je me dis aussi que j'ai manqué de temps auprès d'eux.

PENSEZ AU PRÉSENT

L'idée n'est pas de ruminer sans cesse le passé et de culpabiliser. L'essentiel est de penser au présent. Vous êtes sur un chemin, ici et maintenant. Que voulez-vous changer aujourd'hui ? Fixez-vous des objectifs et pensez aux moyens pour les atteindre, pas à pas, tels des échelons à gravir. Une famille idéale n'est pas une famille sans conflits, sans échecs, c'est une famille qui sait garder le lien et apprendre de ses erreurs. Vous avez toujours la possibilité d'échanger avec vos enfants pour reconnaître votre responsabilité concernant certaines situations ou propos que vous regrettez.

Imaginez que vos parents viennent vous voir aujourd'hui pour vous dire les mots suivants : « J'ai repensé à l'éducation que je t'ai donnée. Avec le recul, je me rends compte qu'il m'est arrivé de me tromper. Aujourd'hui je te demande pardon pour les erreurs que j'ai commises et qui ont pu te faire souffrir. » Comment vous sentiriez-vous ?

« Qu'elles qu'aient été les difficultés du passé, tu peux toujours recommencer à zéro aujourd'hui. » (Bouddha)

Le point de vue de…

Nelson, papa de Noëlle 15 ans et d'Audrey 7 ans

Ma fille aînée m'a longtemps reproché de ne pas être aimant avec elle. Il est vrai que je ne l'ai jamais prise dans mes bras, je ne lui ai jamais dit : « Je t'aime. » Dans ma famille on ne montre pas ses sentiments. J'ai agi avec ma première fille comme mes parents m'avaient éduqué, avec beaucoup de pudeur et de distance. Je regrette de n'avoir pas su créer de vrais liens avec Noëlle et j'espère changer ça avec le temps. Je ne peux pas revenir sur le passé, mais je peux reconnaître ma responsabilité et changer mes réactions pour le futur. Je crois que le premier pas que je pourrais faire vers elle serait de lui dire sincèrement ce que je ressens. J'aimerais beaucoup lui raconter une partie de mon enfance pour qu'elle comprenne d'où je viens et comment je me suis construit.

L'idée de l'éducation positive est aussi de profiter de chaque moment et de **vivre l'instant présent**. La société occidentale actuelle nous pousse à aller sans cesse plus vite mais pour nous rendre où ? Il est urgent d'apprendre à ralentir pour réussir à se concentrer sur l'ici et le maintenant. Quand vous vous occupez de vos enfants, essayez d'être à 100 % avec eux sans rester focalisé sur vos pensées extérieures. Vos envies de planifier vos tâches domestiques, d'organiser votre soirée ou votre travail au bureau peuvent attendre ; eux non, ils grandissent très vite ! Cet état d'esprit est ce que l'on nomme la « pleine conscience ».

RÉFLEXION PERSONNELLE

INSPIRONS NOS ENFANTS !

Replongez dans vos souvenirs de jeunesse en pensant à tous les adultes que vous avez pu rencontrer (famille, amis, enseignants...) et qui ont égayé votre chemin. Concentrez-vous sur les personnes qui vous ont fait rêver, qui vous inspiraient, celles qui vous ont donné envie de grandir. Considérez ces adultes qui avaient l'air de vivre leur vie intensément et d'être heureux.

• Comment étaient-ils ?

....

....

....

....

....

....

• Que faisaient-ils ?

....

....

....

• Que vous disaient-ils ?

• À l'aide de courtes phrases, de mots simples ou de dessins, notez sur cette page ce que vous retenez d'eux.

COMMENTAIRES

Nos enfants ont besoin de références pour grandir. Il est nécessaire de leur donner l'envie de devenir grands. Si vous voulez savoir comment procéder, regardez la liste que vous venez de créer et devenez à votre tour un modèle d'inspiration.

« Soyez inspirant pour votre enfant !
Devenez l'adulte qui, enfant,
vous donnait l'envie de grandir. »

Conclusion

S'engager dans la voie de l'éducation positive n'est pas un parcours sans embûches. Chaussé de nouvelles lunettes, vous découvrez un nouveau monde dans lequel vous pourrez parfois vous perdre. À certains moments, vous aurez l'impression d'avancer très vite et, à d'autres, de reculer comme jamais. Le but est de marcher à votre rythme en vous fixant des objectifs réalisables, les uns après les autres. Les habitudes ont parfois la dent dure et retrouver son bon sens naturel peut parfois prendre plus de temps qu'on ne l'aurait imaginé. L'idée est, comme avec les enfants, de vous valoriser et de vous encourager à chaque réussite, aussi minime soit-elle.
Où que vous soyez, l'essentiel n'est pas d'arriver le premier, mais de suivre la direction que vous croyez être la plus juste pour vous. Et peu importe si parfois vous prenez des chemins de traverse – ce sont souvent les plus enrichissants. Soyez indulgent avec vous-même et donnez-vous du temps. Devenir le parent et l'adulte que vous avez toujours voulu être pourrait bien être la quête de votre vie comme elle est devenue la mienne. J'avance maintenant pas à pas aux côtés de mes enfants en oubliant cette quête de perfection qui m'animait tant auparavant. Finalement, grâce à l'éducation positive, j'y vois plus clair et je lâche enfin prise.

L'éducation positive, c'est finalement quelques connaissances et surtout beaucoup de bon sens. Pas facile avec nos rythmes de vie effrénés… Je crois que l'urgence du moment pour moi est d'apprendre à ralentir pour tout simplement apprendre à vivre.

« Hâte-toi de bien vivre et songe
que chaque jour à lui seul est une vie.
(Sénèque) »

Table des outils pratiques

Table des activités

Ressources

ADOLESCENT

E. JENSEN Frances et NUTT Amy Ellis, *Le Cerveau adolescent,* JC Lattès, 2016

FABER Adèle et MAZLISH Élaine, *Parler pour que les ados écoutent, écouter pour que les ados parlent,* Éditions du Phare, 2014

NELSEN Jane et LOTT Lynn, *La Discipline positive pour les adolescents,* Éditions du Toucan, 2014

ATTACHEMENT

BLIQUE Marion, *J'arrête les relations toxiques,* Eyrolles, 2016

GUEDENEY Nicole, *L'Attachement, un lien vital*, Éditions Faber, 2011

LIEDLOFF Jean, *Le Concept du continuum,* Ambre, 2006

AUTONOMIE, PÉDAGOGIE MONTESSORI

ALVAREZ Céline, *Les Lois naturelles de l'enfant,* Les Arènes, 2016

SKJÖLD WENNERSTRÖM Kristina et BRÖDERMAN SMEDS Mari, *La Pédagogie Montessori*, Éditions L'Instant présent, 2012

TOULEMONDE Jeannette, *Le Quotidien avec mon enfant,* Éditions l'Instant présent, 2005

BESOINS

DEROO Arnaud, *Porter un regard bien-traitant sur l'enfant et sur soi*, Chronique sociale, 2014

SOLTER Aletha, *Bien comprendre les besoins de votre enfant*, Jouvence, 2007

SEARS William, *Être parent la nuit aussi*, La Leache League Internationale, 2006

DÉVELOPPEMENT DE L'ENFANT

GUEGUEN Catherine, *Pour une enfance heureuse,* Robert Laffont, 2014

SIEGEL Daniel J. et PAYNE BRYSON Tina, *Le Cerveau de votre enfant*, Les Arènes, 2015

MISCHEL Walter, *Le Test du marshmallow*, JC Lattès, 2015

COMMUNICATION NON VIOLENTE

ROSENBERG Marshall, *Les mots sont des fenêtres (ou bien ce sont des murs),* La Découverte, 2004
ROSENBERG Marshall, *Élever nos enfants avec bienveillance*, Jouvence, 2007
RUST Séréna, *Quand la girafe danse avec le chacal,* Jouvence, 2008

ÉDUCATION POSITIVE

DUMONTEIL-KREMER Catherine, *Élever son enfant autrement*, La Plage, 2009
DUTHEIL Agnès, *La Psychologie positive avec les enfants,* Eyrolles, 2016
FILLIOZAT Isabelle, *J'ai tout essayé* !, Marabout, 2011
MACIEJAK Véronique, *Il me pousse à bout ! Rester zen avec la parentalité positive*, Eyrolles, 2015

ÉMOTIONS

FILLIOZAT Isabelle, *Au cœur des émotions de l'enfant*, JC Lattès, 1999
SOLTER Aletha, *Pleurs et colères des enfants et des bébés,* Jouvence, 1999
TISSERON Serge, *Vérité et mensonges de nos émotions,* Le Livre de Poche, 2011

ENFANT INTÉRIEUR

BRADSHAW John, *Retrouver l'enfant en soi*, Les Éditions de l'Homme, 2004
MILLER Alice, *Ta vie sauvée enfin,* Flammarion, 2008
NABATI Moussa, *Guérir son enfant intérieur,* Le Livre de Poche, 2008

VIOLENCES ÉDUCATIVES ORDINAIRES

MAUREL Olivier, *Oui, la nature humaine est bonne !*, Robert Laffont, 2009
MAUREL Olivier, *La Fessée : questions sur la violence éducative*, La Plage, 2015 [2e éd.]
MILLER Alice, *C'est pour ton bien,* Aubier, 1984
MILLER Alice, *Le Drame de l'enfant doué,* PUF, 2013

Mind-mapping : mon bel enfant (p. 45)

Outil : l'horloge des émotions (p. 114)

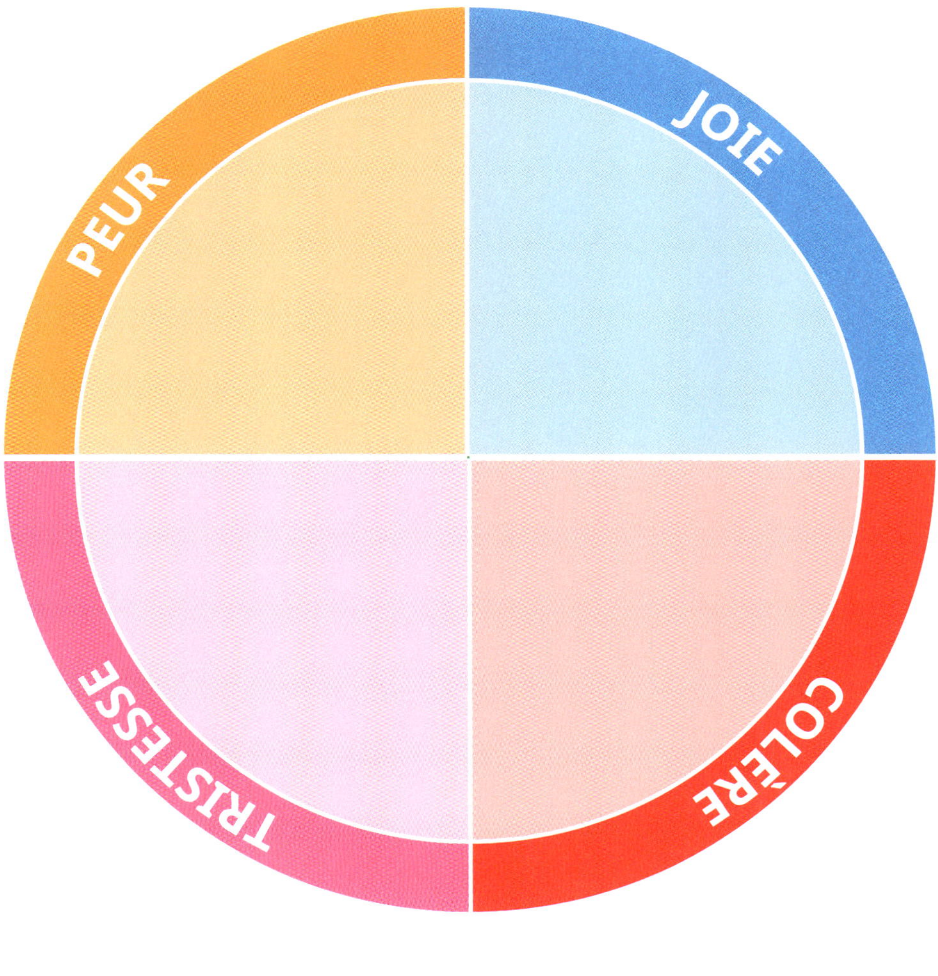

Exercice : ma bulle d’air (p. 132)

Outil : le vase des mercis (p. 137)

MERCI

Merci

Merci

Merci

MERCI

Merci

Merci

Merci

Merci

Merci

Merci

MERCI

Merci

Je lâche prise

Je hiérarchise mes priorités

CHAQUE ERREUR M'AIDE À AVANCER

JE GRANDIS AVEC LE CONFLIT

Je suis imparfait(e)
Tu es imparfait(e)
Il (elle) est imparfait(e)
Nous sommes imparfait(e)s

ET C'EST PARFAIT COMME ÇA !

La créativité est la clé pour s'adapter !

Plus je cherche de solutions et plus j'en trouve

La vie

SE CONJUGUE AU PRÉSENT

Ici et maintenant

Je prends soin de moi

Pour mieux prendre soin des autres

Le bonheur NE SE cherche pas

Il est déjà là, tout près de moi

RÊVER vibrer
se disputer
Se réconcilier CRÉER
jouer RIRE DU LIEN
imaginer aimer
PLEURER
encourager partager
s'émerveiller
COOPÉRER comprendre
apprendre
écouter soutenir

Vivre ensemble !